8,50

Erhard Dahl

Wie lernt man fremde Sprachen?

Elternfragen an die Schule

Herausgegeben von Hans-Joachim Mattke
und Bruno Sandkühler

Elternfragen an die Schule: Die Zusammenarbeit zwischen Elternhaus und Schule wird in Zukunft immer wichtiger. Ständiger Kontakt, reibungslose Verständigung und viel gegenseitiges Vertrauen sind erforderlich. Eltern wie Schule tragen große Verantwortung für die Erziehung in einer immer komplexer werdenden Welt. Eltern müssen Schule hinter- und befragen können. Das gilt insbesondere für Schulen, die bewusst ausgewählt werden; Waldorfschulen werden daher in der Reihe «Elternfragen an die Schule» besonders angesprochen. Viele Themen führen aber auch über diesen Schulzusammenhang hinaus. Die Reihe dient als Einführung, Ratgeber und Begleiter für Eltern beim Gang ihrer Kinder durch die Schule.

Zum Buch: Anschaulich schildert Erhard Dahl Ziele und Methoden des Fremdsprachenunterrichts an der Waldorfschule für die verschiedenen Altersstufen. Er zeigt, wie die Schüler sich einen Wortschatz erarbeiten, Grammatik lernen und durch die Lektüre in die Vielfalt der fremden Sprache eingeführt werden. Überzeugend beantwortet Dahl auch die immer wiederkehrenden Fragen, wie und ab wann die Schüler Vokabeln lernen und ob im Unterricht nicht ein Lehrbuch verwendet werden müsste.
Deutlich wird der zugrunde liegende Ansatz der Waldorfpädagogik: Sprache als umfassendes Bildungsmittel anzusehen, das den Einzelnen in allen Bereichen seines Denkens, Empfindens und Handelns prägt. Insofern bietet jede fremde Sprache auch die Chance, andere Denk- und Erlebnisweisen kennen zu lernen und dadurch Selbst- und Welterkenntnis zu erweitern.

Der Autor: Erhard Dahl, geb. 1947, studierte Pädagogik und Anglistik in Köln und Paderborn. 1970 – 1974 Fachlehrer für Englisch und Turnen an der Rudolf-Steiner-Schule Schloss Hamborn, Promotion 1976, Wissenschaftlicher Assistent bis 1985, Habilitation 1985, 1985 – 1990 Professor für Englische Literatur und ihre Didaktik an der Universität Paderborn. Seit 1990 Fachlehrer für Englisch an der Freien Waldorfschule Uhlandshöhe, Stuttgart. Tätigkeit in der Lehrerbildung am Seminar für Sprachlehrer an der Freien Hochschule für anthroposophische Pädagogik, am Lehrerseminar in Stuttgart und an der Universität Stuttgart.

Erhard Dahl

Wie lernt man fremde Sprachen?

Eine Einführung in den Fremdsprachenunterricht an Waldorfschulen

Verlag Freies Geistesleben

ISBN 3-7725-1508-8
1. Auflage 1999
Verlag Freies Geistesleben
Landhausstraße 82, 70190 Stuttgart
Internet: www.geistesleben.com

Nach den Regeln der neuen Rechtschreibung

Umschlaggestaltung: Walter Schneider
Druck: Offizin Chr. Scheufele, Stuttgart

Inhalt

Vorwort

Dies ist kein Buch für Fremdsprachenlehrerinnen und -lehrer an Waldorfschulen, sondern es ist für Eltern gedacht, die ihre Kinder einer Waldorfschule anvertraut haben oder beabsichtigen, dies zu tun. Es ist eine Einführung, keine Darstellung aller menschenkundlichen Grundlagen und methodischen Aspekte des Fremdsprachenunterrichts an Waldorfschulen. Der Adressatenkreis und der einführende Charakter dieses Bandes ließen es sinnvoll erscheinen, die Leserinnen und Leser nicht mit einer Vielzahl von Fußnoten zu behelligen. Auch werden keine Vorkenntnisse über die anthroposophisch begründete Waldorfpädagogik und ihren Fremdsprachenunterricht vorausgesetzt. Mit Absicht ist deshalb die in der Geisteswissenschaft Rudolf Steiners übliche Terminologie selten verwendet worden. Das trägt hoffentlich zum leichteren Verständnis bei, und es führt hoffentlich nicht zur Ablehnung im Kreise der Leserinnen und Leser, die schon mit der Lektüre anthroposophischer Literatur vertraut sind.

Die Quellen der nachfolgenden Ausführungen sind Rudolf Steiners Vorträge und Schriften zur Waldorfpädagogik, die zahlreichen Veröffentlichungen zum Fremdsprachenunterricht an Waldorfschulen und die Forschungsarbeiten und Unterrichtserfahrungen des Verfassers. Die Beispiele aus der Praxis entstammen alle dem Englischunterricht. Da nicht alle Eltern Französisch oder Russisch, wohl aber Englisch gelernt haben, schien es sinnvoll, die Beispiele aus einer vertrauten Sprache zu wählen. Gleichzeitig konnte dadurch der Raum für Übersetzungen gespart und für wichtigere Informationen genutzt werden. Die Beschränkung auf das Fach Englisch ist also nicht als eine Aufwertung dieser Sprache misszuverstehen.

Es sollte an dieser Stelle auch gesagt werden, dass sich die Ausführungen ausschließlich auf die neueren, d.h. auf die lebenden

Fremdsprachen beziehen. Alte Sprachen, wie Latein und Griechisch, besitzen hinsichtlich ihrer unterrichtlichen Vermittlung eine Eigengesetzlichkeit, auf die hier nicht eingegangen wird.

Es ist dem Verfasser wichtig, darauf hinzuweisen, dass sich hinter der durchgängig maskulinen Form der Begriffe «Lehrer» und «Schüler» in keiner Weise eine Diskriminierung des weiblichen Geschlechts verbirgt. Manchen Lesern mögen die grafischen Versuche, jeweils beide Geschlechter anzusprechen, als ebenso störend bei der Lektüre und platzraubend erscheinen wie dem Verfasser. Die Leser, die dies nicht so empfinden, bittet der Verfasser um wohlwollendes Verständnis für die hier gewählte Form.

Stuttgart, im Mai 1998 *Erhard Dahl*

1. Was wird gelernt?

Das Besondere des Fremdsprachunterrichts im Unterschied zu anderen Schulfächern dürfte im Verhältnis zwischen der Person des Lernenden und dem Inhalt des Faches zu finden sein. Werden im Geographie-, Physik- oder Mathematikunterricht dem Schüler Kenntnisse und Wissen über die ihn umgebende Welt vermittelt, so begegnet ihm im Fremdsprachenunterricht jene Instanz, die ein Volk physisch (in den Sprechorganen, in Gestik und Mimik) und geistig (in seiner Denkhaltung, seiner Wahrnehmung von Welt, seiner Empfindung) prägt bzw. geprägt hat. Die Frage, in welcher Sprache ein Mensch aufwächst, berührt alle Bereiche seines Menschseins; sie ist bedeutsam für seine individuelle intellektuelle Entwicklung, für sein Hineinwachsen in eine soziale, politische und kulturelle Rolle.

Die fundamentale Bedeutung der Sprache

Nicht jeder Mensch kann ein guter Botaniker, Musiker, Mathematiker werden, aber jeder neugeborene Mensch kann jede Sprache der Welt bis zu ihrer Beherrschung lernen; er besitzt so viele Schlüssel, wie es Sprachen gibt. Häufig schließt er jedoch nur eine Sprache, die Muttersprache, auf. So trägt der Fremdsprachenunterricht nicht von *außen* eine «Sache» an den jungen Menschen heran, sondern bereitet eine «Umgebung», die ihn weitere Schlüssel finden lässt – Schlüssel, die in ihm selbst sind; der Sprachunterricht hilft entfalten, was bereits im Schüler lebt.

Versuchen wir, den Gegenstand des Sprachunterrichts noch ein wenig genauer zu beschreiben. Zu Recht darf gesagt werden, dass der Mensch auf Sprache angewiesen ist, durch sie gekennzeichnet ist, in seiner Existenzform konstituiert wird und dass Sprache eine Grundwesensäußerung des Menschen ist. Am Sprechen sind nicht nur Kehlkopf, Mund, Zunge und Zähne beteiligt, vielmehr ist es ein

Akt, den der gesamte Leib vollzieht, der sich also nicht nur in Gestik und Mimik ausdrückt, sondern in vielen dem bloßen Auge verborgenen inneren Bewegungen, Kontraktionen und Dehnungen der Muskeln. Alle menschlichen Anlagen und Kräfte müssen mitarbeiten, damit der einfachste Sprechakt zustande kommt. Weit mehr als nur das Sprachzentrum des Gehirns ist somit am Sprachvorgang beteiligt. Sprache und Sprechen ist etwas den ganzen Menschen Betreffendes.

Was immer ein Mensch auch in und mit der Sprache tut, ob er schimpft, warnt, tröstet oder erzählt, beschreibt oder berichtet, er geht dabei von seelischen Erlebnissen aus oder greift auf sie zurück. Ursächlich für Sprache sind Gefühlsregungen – Schmerz, Freude, Erstaunen, Neugierde, Wissensdrang, befriedigende Erkenntnisse, Überraschung usw. –, also ein Sich-Begegnen von Sympathie und Antipathie, wie Rudolf Steiner sagt. «Der Ausdruck dieser sympathischen und antipathischen Betätigungen, die sich begegnen, ist das menschliche Sprechen.»[1] Zwar läuft parallel dazu eine Tätigkeit im Kopf ab, das vorstellende Denken, «nur dass in der Brust diese Tätigkeit viel realer ist; im Haupte ist sie abgeschwächt zum Bilde. (...) Die Sprache ist (...) zunächst verankert im Fühlen.»[2] Dementsprechend sind auch alle Wörter einer Sprache keine Etikettensammlung für Dinge, die außerhalb der Sprache existieren, sondern sie sind in ihrer Gesamtheit die Summe der *Betroffenheiten,* die ein Volk in seiner Geschichte erfahren und verarbeitet hat.

Gefühle als Grundlage der Sprache

Das Gerüst, die Grammatik einer Sprache wird nicht vom menschlichen Denken geschaffen. Das Denken könnte auch kein grammatisches Ordnungssystem aufbauen, denn es braucht ja Sprache; die Sprache ist also das Mittel, mit dem der Mensch erst Gedanken fassen kann. Sie lässt somit Denkstrukturen eines Volkes entstehen, und erst sie erlaubt das Entstehen

Die Sprache bildet den Menschen

eines Selbstbewusstseins beim Menschen. Der Mensch besitzt nicht zuerst ein Selbstbewusstsein und tritt nachträglich mit anderen in Kommunikation, sondern er erwirbt ein Selbstbewusstsein, indem er kommuniziert. Nicht der Mensch bildet die Sprache, sagt Johann Gottlieb Fichte, sondern die Sprache bildet ihn.

Diese prägende Wirkung von Sprache trifft natürlich auf jede einzelne Sprache zu, die in unserer Welt lebt. Auf jeweils eigene Art prägt sie Denkstile einer Volksgemeinschaft, bedingt sie die Erkenntnisweise dieser Gemeinschaft und formt die Wahrnehmung von Welt und Ich eines jeden einzelnen Mitglieds dieser Gemeinschaft. Der Schriftsteller Julien Green, der in französischer und englischer Sprache Werke verfasste, schrieb 1987: «Eine Sprache ist nicht nur ein Mittel, sich verständlich zu machen, sie ist auch, insbesondere, eine Art und Weise des Schauens und Fühlens. Jedes Volk baut das Universum gemäß seiner Vorstellungen auf. Ein englisches Wort beschränkt sich nicht auf die Bezeichnung dieses oder jenes Objektes oder dieses oder jenes natürlichen Phänomens; es gibt auf seine besondere Weise den Empfindungseindruck wieder, der in einem englischen Bewusstsein von jenem Objekt oder jenem natürlichen Phänomen geschaffen wurde.»[3]

Sprache prägt den Denkstil eines Volkes

So kann man über die Sprache, die ein Volk spricht, viel von der Eigenart dieses Volkes und seiner Auseinandersetzung mit seiner Umwelt erfahren. Bemüht man sich sogar, die geschichtliche Entwicklung einer bestimmten Sprache zu verfolgen, dann vermag man über die Sprachentwicklung zumindest in Ansätzen zu einer Bewusstseinsgeschichte eines Volkes zu gelangen. Alle Versuche, eine fremde Sprache mit der Muttersprache zu identifizieren, z.B. durch Vokabelgleichungen, die eben eine Gleichheit vortäuschen und damit die je eigene Weltsicht neutralisieren, werden deshalb dem Wesen einer Sprache nur sehr eingeschränkt gerecht.

Die prägende Wirkung der Sprache führt zu einem weiteren Teilaspekt des Verständnisses von Sprache. Die Überzeugung, dass diese Prägung des Denkstils sowie der verstandes- und gefühlsmäßigen Erkenntnis immer eine spezifische ist, macht deutlich: Mit der Muttersprache erlangen wir immer eine Weltsicht bzw. eine einzige Art des Denkens und Wahrnehmens, von der wir abhängig sind und die uns in diesem Sinne fesselt. Die Grenze unserer Sprache, formuliert der Philosoph Hans-Georg Gadamer, ist die Grenze unserer Welt.[4] Jede Sprache schränkt also auch ein, öffnet sozusagen nur ein Fenster zur Welt- und Selbsterkenntnis und legt uns, soweit wir nicht weitere Sprachen erwerben, auf einen Blickwinkel fest.

Die einschränkende Wirkung einer einzelnen Sprache

Noch im 20. Jahrhundert hat man Stämme entdeckt, deren Lebensformen primitiv, ohne jeglichen Vergleich mit den zivilisierten Gesellschaften waren. Die Annahme, dass diese Stämme eine einfache, wenig komplexe Sprache verwenden, erwies sich aber als völlig falsch. Ganz im Gegenteil, ihre Sprachen besitzen eine strukturelle Komplexität, die jeglichem Vergleich mit den Sprachen hoch entwickelter Volksgemeinschaften standhält.[5] Das zeigt: Sprache ist nicht etwas durch menschliche Aktivitäten im Laufe der Geschichte eines Volkes Gewordenes, das heißt, die Struktur einer Sprache wird nicht komplexer parallel zu zivilisatorischen Prozessen, sondern ist von diesen Prozessen weitgehend unabhängig, jedenfalls hinsichtlich ihres grammatikalischen Aufbaus. Sie ist etwas dem Menschen Zugeteiltes; ihr ist eine Selbständigkeit gegenüber der Volksgemeinschaft, die sie spricht, eigen.

Bei aller gebotenen Kürze ist vermutlich deutlich geworden, dass die fremden Sprachen, die vermittelt werden sollen, eine ganze Anzahl von Eigenschaften haben. Sie besitzen mehr Qualitäten bzw. Funktionen als nur die eine, Verständigungsmittel zwischen Menschen zu sein. Des weiteren sind sie nicht Systeme willkürlich vereinbarter Zeichen, sondern das Ergebnis einer Auseinandersetzung einer Volksgruppe mit ihrer Umwelt. Dann sind sie Tätigkeiten und nicht ein Stoff, der primär erkannt bzw. bewusstseinsmäßig verstanden werden muss; sie bedürfen nicht nur des Sprachzentrums im Kopf, sondern der aktiven Beteiligung des gesamten Menschen. Darüber hinaus bieten sie andere Wahrnehmungen und mit ihnen andere Empfindungen von Welt und Selbst an. Sie stellen eine weitere Möglichkeit dar, Welt und Selbst zu erkennen, weil in andere Denkformen, Denkweisen, auch in andere Denkschablonen eingeführt wird. Daneben sind sie ein Korrektiv, ein Ausgleich zur Muttersprache. Letztlich sind auch sie, wie die Muttersprache, etwas Gegebenes, nichts blutsmäßig Ererbtes.

Fremde Sprachen lernen – welche Chancen bieten sich?

Aus dem hier skizzierten Sprachverständnis, das Rudolf Steiner mit Johann Gottfried Herder und Wilhelm von Humboldt teilt, eröffnen sich mehrere Ziele für den Fremdsprachenunterricht. Sie gehen über das Ziel hinaus, mit dem er gegenwärtig in Deutschland an der Regelschule vielfach legitimiert wird, nämlich die Beherrschung der fremden Sprache. Eben weil sich mit dem Fremdsprachenunterricht noch weitere Ziele verfolgen lassen, nahm Rudolf Steiner ihn in den Kanon der übrigen Fächer auf, ja, er beließ es nicht bei einer Fremdsprache, sondern entschied, dass zwei bis drei fremde Sprachen unterrichtet werden.[6] So verbringen Waldorfschüler im Verlauf der zwölf Jahre im Durchschnitt ein Fünftel bis ein Sechstel ihrer Wochenstundenzahl im Fremdsprachenunterricht. Kein anderes Fach erhält so viel Zeit. Die Ziele, die mit dem Unterricht in den fremden Sprachen erreicht werden können, müssen besondere Bedeutung haben. !

Zeit für die Fremdspr.

2. Welche Ziele hat der Fremdsprachenunterricht?

Wenige zeitgenössische Philosophen haben meines Wissens die Wirkung der Muttersprache so anschaulich und eindringlich beschrieben wie Peter Sloterdijk. In seiner Frankfurter Vorlesung sagte er unter anderem: «Auch wenn ich der Sprache Orientierungen und Handlungsfähigkeiten (...) verdanke, ich weiß doch auch, dass sie mich nur in Besitz genommen hat wie ein Pirat, der mein Leben enterte, als es vom mütterlichen Strand ein Stück weit abgelegt hatte. Sie ging bei mir eines Tages an Bord, mit glitzernden Wörtern und schneidenden Befehlen, wie eine Domina, die mich nach ihrer Pfeife tanzen lässt. Längst ist die Sprache Kapitänin, mit weitgehenden Vollmachten entscheidet sie über das meiste, was an Deck geschieht, auch über viele Angelegenheiten unter Deck.»[7] Er nennt die Nationalsprache eine «weltgebende Instanz», ja, es geschieht nach seiner Auffassung eine «Tätowierung jedes neuen Lebens mit den Mustern der Nationalsprache».[8] Alternativlos sind wir als Neugeborene und später als Heranwachsende den in jeder Sprache enthaltenen Denkgewohnheiten ausgeliefert. Durch ein Hineinwachsen in eine andere

Erweiterung der Erkenntnis

Sprache, die wir nicht nur als ein Zeichensystem vorgestellt bekommen, sondern auch als ein anderes Erleben von Welt, gewinnen wir Anteil an Erfahrungen, Denkformen, die wir in der eigenen Sprache nie hätten erleben können. Fremde Sprachen schaffen somit einen Ausgleich, eine Ergänzung zu den Denk- und Ausdrucksweisen und der spezifischen, eingeschränkten Weltsicht der Muttersprache. Fremde Sprachen, die im Verlauf ihres Erwerbs ja ihre Fremdheit verlieren, eröffnen weitere Möglichkeiten und Chancen menschlicher Welt- und Selbsterkenntnis; sie bereichern uns, unterstützen eine innere Emanzipation. Sie erlauben uns, die durch Einsprachigkeit gegebene eingeschränkte Freiheit zu erweitern.

Neben diesem Ziel, das man als «Erweiterung der Welt- und Selbsterkenntnis» bezeichnen könnte, eröffnet sich ein zweites Ziel, nämlich die «Verfeinerung des Wahrnehmungsvermögens». Was für die Erkenntnis gilt, trifft auch auf das Wahrnehmungsvermögen des Menschen zu. Die durch die Muttersprache erlebten Empfindungen schaffen eine bestimmte, aber durchaus noch zu erweiternde Wahrnehmungsfähigkeit. Das Hineinwachsen in die Muttersprache gleicht einem Wachwerden der Seele, welches den Bedingungen, eben denen der Sprache, unterliegt.

Verfeinerung des Wahrnehmungsvermögens

Wird die Fremdsprache lediglich als ein System vermittelt, das zwar andere Anordnungsregularitäten und eine andere Aussprache besitzt, nicht aber andere Bedeutungen und Empfindungseindrücke, so wird beim Lernenden das Erfahren der Fremdsprache zum Wiedererkennen schrumpfen. Wird jedoch im Unterricht erlebbar, dass hier eine andere Art des Schauens und Fühlens vorliegt, so erweitert, bereichert, verfeinert man das Wahrnehmungsvermögen des Heranwachsenden. Diese Verfeinerung hat zwei sich gegenseitig bedingende Momente: Indem ich die fremden Empfindungseindrücke kennen lerne, bin ich Aufnehmender, bin ich passiv; doch schon durch das Kennenlernen, Aufnehmen bildet sich langsam eine größere innere Regsamkeit, Geschmeidigkeit, Flexibilität, die dann wiederum mein Aufnehmen von Welt vielfältiger, aktiver sein lässt. Je mehr bis zu meiner Seele vordringen kann, desto wacher, heller, aufmerksamer ist meine Wahrnehmung. Gleichzeitig werde ich wahrnehmungs*bereiter*; ich bin bereit, den Eindrücken der Welt aktiver entgegenzugehen.

Pflege der Sinne

Ein drittes Ziel ergibt sich sozusagen aus den Leistungen, die einem Menschen erwachsen, der eine fremde Sprache erwirbt. Zu diesen Leistungen gehört u.a. das genaue Erfassen und Artikulieren der fremdsprachlichen Laute und Intonationsmuster. Genaues Erfassen bedeutet hier feinste Lautunterschiede und damit in vielen Fällen Bedeutungsunterschiede wahrzunehmen. Eine solche Herausforderung fördert nun wiederum das Hören. Der Fremdsprachenunterricht pflegt also intensiv den Lautsinn und den Wortsinn der Kinder, jene Sinne, mit denen wir die Sprachmelodie, die Höhen und Tiefen, den Klang der Vokale und Konsonanten, das heißt also Gehörtes, als Sprache wahrnehmen. Keineswegs ist die Ausbildung des Gehörorgans am Ende der Vorschulzeit abgeschlossen. Neuere Forschungen haben beweisen können, dass die Organbildung des Gehörs bis zum zwölften Lebensjahr noch beeinflusst werden kann. Die Aufgabe, an das Ohr dringende Laute so sicher wahrzunehmen, wie es das Erlernen einer fremden Sprache verlangt, bildet in den ersten Schuljahren immer noch das Hörorgan aus. Dabei ist zu beachten, dass dieses Organ nicht auf den physischen Ort des Ohrs beschränkt ist. Wir hören mit den gesamten Kopfknochen und sogar mit unserem übrigen Skelett, selbst unsere Leibesmuskulatur ist beim Hören tätig, und zwar nicht im Sinne einer Resonanzbewegung, sondern die Muskeln bilden eine ganz spezifische Form – eine Plastik. Das heißt, durch die besondere Beachtung des Klangs einer Sprache, durch Übungen, bei denen feinste Lautunterschiede wahrgenommen werden müssen, wird an einem Organ gebildet; solche Übungen erhöhen die Tätigkeit des Hörorgans, das durch diese Eigentätigkeit überhaupt erst hört.

Ein viertes Ziel, meines Erachtens das zentrale, ist die Erziehung mit Hilfe des Fremdsprachenunterrichts zum Weltbürger. So wie Sprache das Denken formt und weltgebende Instanz ist, so ist in der Sprachgebundenheit auch ein Faktor enthalten, der unsere Haltungen gegenüber Anderssprachigen bestimmt. In der Geschichte finden sich nicht wenige Beispiele dafür, wie Hass und Antipathie gegen Anderssprachige «weitergerredet» und zum Lebensmuster werden,[9] wie Sprachen auch Borniertheiten, beispielsweise nationale Eitelkeiten und geschlossene Weltbilder, erzeugen und nationale Absonderung fördern. Wieder kann nur die Befreiung vom nationalsprachig geprägten Orientierungssystem der Wahrnehmung, des Denkens, Wertens und Handelns dieser Bedrohung etwas entgegensetzen. Es

Erziehung zum Weltbürger

ist klar, dass der Erwerb der Oberflächenstruktur einer fremden Sprache dabei keine Hilfe sein kann. Fremde «Zeichensysteme» zu beherrschen führt nur zur Internationalität, nicht jedoch zu dem, was uns wirklich zu Weltbürgern macht, nämlich das «Mitwissen über das Zuweltkommen des anderen unter dessen eigenen Bedingungen. Erst dann wird Mehrsprachigkeit zu einem Medium der Entbindung von der nationalsprachlichen Gewalt».[10] Der Fremdsprachenunterricht in der Waldorfschule strebt eben jenes Mitwissen, Mitfühlen, innerliche Nachempfinden mit der anderen Sprachgemeinschaft an. Mit jedem erlebnismäßig aufgenommenen Laut, von Gefühlsregungen begleitet, beginnen die Schüler eine Identifikation mit einem fremden Bewusstsein, einem fremden Willen, mit fremden Seelenhaltungen; dies ist aktive Toleranz.[11] Mit dem oben beschriebenen Sprachverständnis als Leitmotiv für den fremdsprachlichen Unterricht können Heranwachsende fremde Kulturen kennen und erkennen lernen. Ein solcher Unterricht kann zum unbefangenen Umgang mit dem, was anders ist, erziehen, das Prinzip wechselseitiger Achtung stärken und beim jungen Menschen Liebeskräfte bzw. Zuneigungen erwecken. Das Mitwissen macht dann nicht nur den Menschen universeller, es schafft darüber hinaus die innere Voraussetzung für späteres echtes Menschenverständnis über Völkergrenzen hinweg.

Aktive Toleranz wird gefördert

Ein fünftes Ziel ist ausgerichtet auf das, was man im weitesten Sinne mit «Sprechenkönnen» bezeichnet. Wir betreten damit die pragmatische Dimension dieses Unterrichtsfaches – eine Dimension, die in der Geschichte des Fremdsprachenunterrichts (an deutschen Schulen) seit der Reformbewegung gegen Ende des 19. Jahrhunderts die wichtigste ist. Auch an den Waldorfschulen sollen gute Sprecher des Französischen, des Russischen, des Englischen am Ende der zwölf Schuljahre stehen. Dies gilt insbesondere im Hinblick auf das zur Zeit rasch zusammen-

Die pragmatische Dimension: das Sprechenkönnen

wachsende Europa, in dem es schon jetzt zu einer Vielzahl von Begegnungen der Sprach- und Kulturgemeinschaften kommt. Das neue Europa wird eine multikulturelle Staatengemeinschaft sein. In ihr wird die Beherrschung mehrerer fremder Sprachen geradezu eine elementare Kulturtechnik wie muttersprachliches Schreiben und Lesen werden. So ist der Fremdsprachenunterricht an den Waldorfschulen aufgefordert, sich ebenfalls in dieser pragmatischen Dimension bewusst auf die zukünftigen sprachlichen Realitäten auszurichten.

Doch ist auch zum Erreichen dieses pragmatischen Ziels von Rudolf Steiner ein Weg ins Auge gefasst worden, der wiederum mit dem zugrunde liegenden Sprachverständnis korrespondiert. Dieses verlangt nämlich, dass dem Ich des Schülers, d.h. seinen individuellen Gedanken und Empfindungen, auf allen Schulstufen möglichst viel Raum gewährt wird. Das geschieht nicht nur aus Respekt vor der Persönlichkeit eines jeden Kindes, sondern auch aus der Überzeugung, dass der Weg über das Ich des Schülers der fruchtbarste ist bei dem Versuch, die fremde Sprache tief im Gedächtnis zu verankern. Im unbewussten Untergrund unseres Seelenlebens, in dem das Gedächtnis zu finden ist, werden durch das Bemühen, Wörter und grammatikalische Strukturen erlebnishaft zu vermitteln, Spuren gezogen. Das heißt, es wird versucht, die Begegnungen mit der fremden Sprache mit Gefühlsregungen, Interesse, Neugierde, Freude oder Überraschung einhergehen zu lassen, also mit Qualitäten, die, wie anfangs dargestellt, Ursprung von Sprache sind. Spuren hinterbleiben auch durch das Bemühen des Fremdsprachenlehrers, «ich-fremde» Aktivitäten weitgehend auszuschließen, um stattdessen den Schüler so häufig wie möglich als «er selbst» zu Wort kommen zu lassen. Dafür sind echte, eben nicht didaktische Fragen des Lehrers ebenso hilfreich wie seine ständig zu variierenden Versuche, Gesprächsführung zu betreiben. Der Dialog, das konstituierende Merkmal von Sprache, sollte in möglichst vielen Unterrichtsstunden gepflegt werden. Vom Schüler sollte

Dem Ich des Schülers Raum gewähren

möglichst selten verlangt werden, seine Alltagsidentität abzulegen. So kann im Laufe von zwölf Jahren nicht nur das Sprechenkönnen entstehen, sondern auch – und das ist das Entscheidende – «ich-bestimmtes» Sprechenkönnen. Es beansprucht wesensmäßig Kopf, Hand und Herz. Ich-bestimmtes Sprechenkönnen, das sei angemerkt, wird sich aber nicht allein aufgrund solcher methodischer Maßnahmen einstellen. Diese Fähigkeit hat noch einen anderen Nährboden. Er findet sich in der Vertrauensatmosphäre zwischen Kind und Lehrer. Dessen Tun sollte sich immer vor der Überzeugung verantworten können, dass weder Angst noch Ehrgeiz geeignete Erziehungsmittel sind, sondern Liebe. Das Sprechen einer fremden Sprache in der künstlichen Situation des Fremdsprachenunterrichts entwickelt sich umso leichter, je spürbarer für das Kind das Element der Wärme ist.

Aus dem skizzierten Sprachverständnis sind Ziele entwickelt worden, die der Fremdsprachenunterricht erreichen kann. Aus den Zielen sind nun methodische Schritte für den zwölfjährigen Unterricht abzuleiten. In der Waldorfschule erwächst die Methode jedoch nicht nur aus dem Verständnis vom Unterrichtsinhalt (der Sprache) und aus den Zielbestimmungen. Hinzu tritt, mit derselben Gewichtung, das Kind und seine Entwicklung während der zwölf Jahre. Erst aus diesen drei Komponenten ergibt sich der Weg, den der Fremdsprachenlehrer zu gehen versucht. Er sei im folgenden Kapitel unter Berücksichtigung von Rudolf Steiners Aussagen über die Entwicklung des Kindes und des Jugendlichen umrissen.[12]

3. Der zwölfjährige Weg

Die Unterstufe

Wenn in der 1. Klasse der Waldorfschule der Unterricht in zwei Fremdsprachen beginnt, ist das, mit den Augen eines Fremdsprachenlehrers betrachtet, bereits mehrere Jahre zu spät. Nur noch ein Zipfel der Fähigkeiten, Sprachen zu erlernen, die dem Kind in seinen ersten Lebensjahren zur Verfügung stehen, ist zum Zeitpunkt der Einschulung noch vorhanden. Welche Fähigkeiten waren das bzw. wovon erhaschen die Fremdsprachenlehrer in den ersten zwei bis drei Schuljahren noch jenen Zipfel?

Der Beginn des Fremdsprachenunterrichts in der 1. Klasse

Das Kleinkind kann einer Bezugsperson, erst recht, wenn es sie liebt, grenzenlose Hingabe schenken. Hierin ist unermessliches Vertrauen enthalten, das wiederum eine immense Empfänglichkeit für die Bewegungen, die Sprache und die in beiden zum Ausdruck kommenden Gefühle der Bezugsperson(en) schafft. Die völlige Hingabe und die darin implizierte Offenheit ermöglichen ein «Mitgehen», Miterleben, Mitfühlen mit dem Erwachsenen, wie man es im Jugendalter, erst recht im Erwachsenenalter nie mehr antreffen wird. Die Muttersprache, aber auch jede fremde Sprache, die man dem Kleinkind entgegenbringt, wird durch dieses «Mitgehen» im wortwörtlichen Sinn einverleibt. Hier liegt kein Verstehen vor, hier ist kein Reflektieren zu finden, hier wird – wie später auf der Mittelstufe und der Oberstufe – nichts von dem akustisch-motorisch Dargebotenen in Einklang gebracht mit schon vorhandenen Elementen von Sprache, auch nicht mit dem Denken. Dieses totale Mitleben – in der Psychologie auch «Empathiefähig-

Wie lernen kleine Kinder Sprache?

keit» genannt – mit dem Erwachsenen erlaubt dem Kind absolute Höchstleistungen im Bereich der Imitation und des Entfaltens von Sprache. Mit einer nie wiederkehrenden Leichtigkeit und Feinheit erhorcht es einerseits minimalste Klangunterschiede, subtilste Intonationsmuster sowie alle für eine Sprache charakteristischen Laute. Es liest andererseits mit größter Präzision Lippenbewegungen sowie Mimik und Gestik beim erwachsenen Sprecher ab. Es tut dies in aller Regel unmittelbar, ohne mehrfaches Üben, ohne jeglichen zeitlichen Abstand zum «Vorgemachten». Zudem ist beim Kleinkind das Lernen noch nicht auf die linke, die sogenannte analytische Gehirnhälfte verkümmert. Auch die rechte, die sogenannte kreative Gehirnhälfte verarbeitet Wahrgenommenes, und zwar offensichtlich nachhaltiger als jede kognitive, also bewusste Verarbeitung. Das Kleinkind lernt Sprache, wie erwähnt auch das Sprechen fremder Sprachen, über das Sprechen, und diese Aneignung fordert dem Kind keine intellektuellen Anstrengungen ab. Redewendungen und Wörter lernt es wie von selbst; das gilt erst recht, wenn diese mit Gebärden und weiteren Körperbewegungen verbunden sind.

Damit soll nicht der Anschein erweckt werden, dass das Erlernen von fremden Sprachen zu Beginn der Unterstufe unterschiedslos zum Muttersprachenerwerb stattfindet. Nach dem sechsten, siebten Lebensjahr läuft das Erlernen der Zweitsprache natürlich schon vor dem Hintergrund des Erstsprachenerwerbs ab. Es sind bereits Vorstellungen von Sprache vorhanden, es sind Sprechgewohnheiten entstanden, die nach Übertragung auf andere Sprachen drängen. Auch liegen selbstverständlich an der Muttersprache entstandene geistige und soziale Fähigkeiten beim Kind vor. Der Zweitsprachenerwerb in der Schule ist darüber hinaus kein natürlicher, sondern ein von einer Lehrperson gesteuerter Vorgang. Ihm ist ein großes Maß an Künstlichkeit und eine alles durchziehende didaktische Absicht eigen. Zudem stehen nur wenige Stunden pro Woche[13] für die Begegnung mit den fremden Sprachen zur Verfügung. Dennoch sind die geschilderte Hingabe und die enorme

Der Zweitsprachenerwerb auf der Unterstufe

Fähigkeit der Nachahmung sowie die Möglichkeit, auf verschiedenen Wegen das Sprechen einer fremden Sprache zu lernen, bis zu einem gewissen Maß gegeben. Es würden große Lernchancen vergeben bzw. dem Unterstufenschüler große Lernerleichterungen genommen, käme man diesen (wenn auch abklingenden) Fähigkeiten im Unterricht nicht entgegen.

Was erleichtert nun den Erwerb einer fremden Sprache in den ersten Schuljahren? Und was gilt es im Interesse des Schülers möglichst zu vermeiden? Das Kind, das den Anfangsunterricht besucht, sollte die Gelegenheit erhalten, die fremde Sprache in einer sehr großen Fülle zu erleben. Dabei bezieht sich «Fülle» auf einen sehr vielfältigen Wortschatz, auf eine Vielzahl von grammatischen Strukturen und auf einen großen Ausschnitt aus der Idiomatik der fremden Sprache. Darüber hinaus meint «Fülle» eine große Breite hinsichtlich der Ausdrucksbereiche einer Sprache: Umgangssprache, künstlerische (geformte) Sprache, Volksgut, Lieder, Reime, Kinderspiele. «Fülle» heißt schließlich «Ganzheiten anbieten», also nie Häppchen, Ausschnitte, didaktisch aufbereitete, d.h. auf ein bestimmtes grammatisches Kapitel oder einen Minimalwortschatz zugeschnittene Spracheinheiten. Eine solche gewissenhaft vorgenommene Segmentierung ist ebenso unangebracht wie die Wahl eines spezifisch kindlichen Sprachregisters. Die «wahrhaftige Sprache des Erwachsenen» (R. Steiner), keine Kindersprache sollte auf die Sinne des Kindes treffen. Dem Sprachlernvermögen des jungen Menschen entspricht genuin die «total immersion», das völlige Eintauchen in die Gesamtheit der fremden Sprache. Der didaktisch-methodische Leitgedanke darf eben nicht dem Prinzip «vom Einfachen zum Schweren» folgen. Keine reduzierte fremde Sprache wird dargeboten, sondern die oben erwähnte Fülle. Dass man in den kurzen Übungsphasen kleine Ausschnitte aus der Sprache auswählt und hierbei nicht gleich mit den schwierigsten Bereichen des Wortschatzes und der Grammatik beginnt, ist etwas anderes.

Eintauchen in die Gesamtheit der fremden Sprache

Den Schülern der ersten Klassen wird das Erlernen der Fremdsprache auch dadurch erleichtert, dass ihnen möglichst ein Fremdsprachenlehrer mit größter sprachlicher Kompetenz gegenübersteht. Er muss die Sprache reflexionsfrei, grammatikalisch sicher und lexikalisch sehr differenziert beherrschen. Seine Aussprache muss klar sein und von den Kindern bedenkenlos imitiert werden können. Die fremde Sprache in allen erdenklichen Unterrichtssituationen und über 45 Minuten anzuwenden sollte ihm ein Leichtes sein. Zudem ist es für das Kind eine enorme Hilfe, wenn dem Lehrer eine Vielzahl von Mitteln zur Verfügung steht, das Vorstellungsbedürfnis des Kindes zu befriedigen. Die Sprache, die er mit ins Klassenzimmer bringt, sollte von ihm gelebt werden; ausgeprägte Gestik, Mimik, Intonation, Gebärde können das Verständnis der Kinder erwecken, indem sie zum äußeren Bild gestalten, was in der dargebotenen Sprache lebt. Die Gestaltung von Bildern wird den Kindern auf verschiedenste Weise möglich: durch Körpersprache, Tafelzeichnungen, Nachbildung von Geräuschen, Requisiten, lebendige Szenen, einen variantenreichen Tonfall. Wenn viele Sinne des Kindes angesprochen werden, wird das Zuhören, Zuschauen und Mittun zu einem Genuss. Freude, positive Gefühlsregungen sollten die Aufnahme von Wörtern und Strukturen begleiten. Selbst wenn das Kind Fehler macht, z.B. ein Wort unkorrekt ausspricht oder ein Wort in einem Satz auslässt, kann es bildhaft auf den richtigen Weg geführt werden, etwa indem der Lehrer auf Deutsch sagt: «Du hast diesem Wort eine zu große Mütze aufgesetzt; wir können es nicht wiedererkennen» (falsche Aussprache), oder: «Da hast du aber ein Wort versteckt, wo ist es denn?» (Auslassen eines Satzteils). Die Liebe des Lehrers zur Sprache, die er unterrichtet, ist, allen Erfahrungen nach zu urteilen, eine unabdingbare Voraussetzung dafür, dass die Kinder sie leicht erlernen.

Anforderungen an den Fremdsprachenlehrer

Es ist in jedem Gespräch zwischen Menschen zu beobachten, dass Bewegung der Sprache vorausgeht, dass während des Sprechens der gesamte Körper in Bewegung gerät. Sprechen und Bewegen sind eng verknüpft. Es ist in diesem Sinne ebenfalls eine Erleichterung für die Kinder und eine große Entlastung für ihr Gedächtnis, wenn mit dem Sprechen Körperbewegungen verbunden werden. Das erstreckt sich von Fingerbewegungen, passend zu einem Reim, über Arm- und Beinbewegungen bei einem Gedicht oder einer kurzen Geschichte bis zum Bewegen des gesamten Körpers im Raum bei der szenischen Darstellung eines Märchens. In jeder Unterrichtsstunde sollte das Kind Gelegenheit erhalten, ins Sprechen und gleichzeitige Tätigsein zu kommen, z.B. Handlungsanweisungen auszuführen («Please stand up, go to the blackboard, raise your left arm» etc.), Aufgaben zu erledigen und dabei zu sprechen («I'm carrying Mrs X's bag to the window»), zu beschreiben, was andere Kinder gerade tun, Szenen darzustellen und dabei bestimmte Redewendungen immer mit bestimmten Gebärden zu verbinden. Selbst kleine Gesten beim Aufsagen von kurzen Geschichten oder Versen – verneinende Armbewegungen, behauptendes Stampfen, abweisende Handflächen usw. – machen das Sprechen erlebnishafter und für die Kinder fröhlicher, vor allem aber sind diese kleinen Aktivitäten gedächtnisbildend. Was beim Erwerb der Muttersprache galt, gilt auch jetzt noch für den Fremdsprachenunterricht: je körperbezogener der Lehrer Sprechakte anbietet, desto leichter können sie Kinder reproduzieren. Es geht darum, den Körper als das einzusetzen, was er sein kann: Erinnerungsraum für die Grammatik und den Wortschatz. Die Leichtigkeit, mit der Menschen im Ausland eine zweite Sprache erlernen, ist zu einem Gutteil darin begründet, dass im lebendigen, erlebnishaften Handlungsvollzug, und nicht lesend in einem Lehrbuch, Wörter und Strukturen erworben werden. Die Zeit also, in der *aktiv*, handelnd gelernt wird, ist sehr viel umfangreicher als im gesteuerten, schulischen Zweitsprachenerwerb. Die eigene wie auch die beobachtete Aktivität erleichtert das spätere Erinnern. Die

Welche Bedeutung hat die Bewegung?

Eigene Aktivität erleichtert das Lernen

Bewegung sichert die Beteiligung des gesamten Körpers – und nicht nur der linken Gehirnhälfte – bei der Aufnahme und Verarbeitung fremder Sprachen. Es kommt hinzu, dass bei geschickter Auswahl begleitender Bewegungen die Freude am Unterricht ungemein erhöht werden kann. Was das Kind freudig tun kann, bleibt ihm viel eher ein Gedächtnisschatz.

Die Planung des Unterrichts

Erleichternd für das Lernen der fremden Sprachen ist in den ersten Jahren ein über das gesamte Schuljahr, wenn nicht über die ersten drei bis vier Jahre, bewusst geplanter Unterricht. Das Singen, Chorsprechen, Spielen und Rätselraten dürfen nicht ziellos ablaufen; die gewünschte Fülle an Sprache versickert wie Regenwasser ins Erdreich, wenn dem Kind nicht dadurch geholfen wird, dass bestimmte ausgewählte Idiome, Wörter und Strukturen immer wieder zurückkehren und «geputzt» werden wie Edelsteine. Sonst wird der Schüler verwirrt, verliert sich in der Fülle und erlebt nicht, gelernt zu haben, Fortschritte gemacht zu haben. Die Erleichterung für das Kind ist sozusagen der weit im Voraus planende Lehrer, der im Oktober weiß, welche der z.B. gerade gesprochenen Wörter als «Edelsteine» im Januar, dann vielleicht im März und dann noch einmal vor den Sommerferien zurückkommen werden, und der sich in seinem Jahresplan überlegt hat, wie und wann ganz bestimmte grammatische Strukturen in Übungen, Szenen, Lernspielen immer wieder vom Kind benutzt werden sollen. Das sogenannte Vokabelheft ist noch lange nicht in der Schultasche des Erst- oder des Viertklässlers, aber es ist in der Vorbereitungsmappe und im Kopf seines Fremdsprachenlehrers. Das Künstlerische der Unterrichtsstunden in den ersten Klassen beruht auf der methodischen Phantasie des Lehrers; verbunden ist damit jedoch dessen Selbstverpflichtung, in seinen Stunden so wenig wie möglich dem Zufall zu überlassen.

Was gilt es in den Jahren der Unterstufe zu vermeiden? Wodurch würde man das Lernen der fremden Sprachen behindern und dem Fremdsprachenunterricht die Möglichkeit nehmen, zusammen mit den übrigen Fächern gesundend zu wirken? Wort und Wortsinn sind in dieser Altersstufe für das Bewusstsein noch nicht getrennt, das Aneignen der fremden Sprache wird noch weitgehend zur unreflektierten Gewohnheit. Daraus folgt, dass für das Kind alle Maßnahmen störend sind, die eine Distanz zur fremden Sprache schaffen und es dazu zwingen, die anderen Sprachen verstandesmäßig zu begreifen. Was ist damit gemeint? Das Kind vor dem neunten Lebensjahr nimmt ein französisches oder englisches Wort noch nicht als ein der Außenwelt entstammendes Objekt wahr, weil die bewusstseinsmäßige Welt des Kindes noch nicht zwischen Ich und Außenwelt trennt. Vielmehr fließen diese Bereiche noch ineinander. Das Kind muss seine Wahrnehmungen noch nicht durch einen klärenden Begriff, eine Vokabel seinem Ich zugänglich machen. Dieses später aufkommende duale Bewusstsein von Ich und Außenwelt oder von Subjekt und Objekt kann man jedoch leicht in die Kindheit hineindrücken. Man braucht nur zu fragen: «Verstehst du das Wort?», oder aufzufordern: «Übersetz mir doch mal diesen Satz Wort für Wort.» Schon verleitet man das Kind zu Abstraktionsprozessen; ganz abgesehen davon, dass man durch solche Aufgaben dem Irrglauben Vorschub leistet, es gäbe (Vokabel-)Gleichungen zwischen zwei Sprachen. Alles Zergliedern, alle intellektuellen Verfahren stören die unbewusste Aneignung von Sprache. Weder sollte vor dem Unterstufenschüler ein Wort in seinem Inhalt und seinem Laut zergliedert noch ein Satz in seine Teile zerlegt werden. Man nähme Kindern vor dem neunten, zehnten Lebensjahr ebenfalls ihren besonderen Zugang zur fremden Sprache, griffe man auf verbale Belehrungen oder auf die Erklärung grammatischer Regeln zurück. Dies ist vielmehr passend und dann auch hilfreich auf der Mittelstufe, die mit der 4. Klasse ganz allmählich ihren Anfang nimmt.

Keine Distanz zur femden Sprache schaffen

Die Mittelstufe

Wenn es in der geistig-seelischen Entwicklung der Kinder im Alter von neun bis zehn Jahren zu einem bewusstseinsmäßigen Umbruch kommt, wenn sich die Seele nicht mehr in die Umwelt ergießt, sondern beginnt, sich von ihr zurückzuziehen, dann wird eine Subjekt-Objekt-Unterscheidung möglich. Nun kann das Kind, ohne Schaden zu nehmen, mit etwas solch Abstraktem wie der Schriftsprache konfrontiert werden. Rudolf Steiner wünschte sich auch für den Muttersprachenunterricht erst ab diesem Lebensalter eine Begegnung mit den Buchstaben; er hat sich jedoch dann den Gepflogenheiten im übrigen Schulwesen gebeugt, jedoch nicht ohne eine stark bildhafte Hinführung zur Schrift für die 1. Klasse zu fordern.

Bewusstseinsumbruch in der 4. Klasse

Beim Schreibenlernen der fremden Sprache wird an das angeknüpft, was den Kindern an Sprüchen, Versen, Liedern und dergleichen aus den ersten drei Jahren vertraut ist. Damit gestaltet sich der Übergang von der Unter- zur Mittelstufe in der 4. Klasse weniger krass und plötzlich. Zudem wird durch das Zurückgreifen auf Wohlbekanntes auch nicht die Aussprache durch das andersartige Schriftbild ins Wanken gebracht. Das Lesen im Chor und danach einzeln macht den Kindern, wenn dazu auch noch die Zeilengestaltung an der Tafel den Intonationsbögen der Sätze entspricht, kaum Mühe. Diese Leichtigkeit hilft wiederum sehr, das Lesen und Schreiben als Fertigkeit schnell voranzubringen. Dennoch werden im Verlauf der nächsten fünf Schuljahre auf Seiten der Schüler Unsicherheiten aufkommen. So manche Wörter sträuben sich einfach einer bedeutungsmäßigen Erschließung, das Chaos z.B. der englischen Rechtschreibung verwirrt, bestimmte Wortstellungen im Satz wollen sich nicht erlernen lassen, und die Anwendung einiger Zeitformen, im Englischen z.B. des «present perfect», bleibt ein Rätsel. Da hilft nur, die Dinge einerseits so häufig wie möglich selber zu sprechen und andererseits sie zusammen mit dem Lehrer genauer anzuschauen.

Die fremde Sprache kann und sollte nun dem Verständnis zugeführt werden, um damit «Sicherheitsinseln» zu schaffen. Dies ist mit Beginn der 4. Klasse pädagogisch zu verantworten und notwendig, entwickeln sich doch mit dem Zurücktreten der Nachahmungskräfte die Denkkräfte. Elf- bis Fünfzehnjährige möchten das ihnen Dargebotene mit dem Verstand fassen, begreifen. Die Methode der Unterstufe, die eine «Nachahmungsmethode» genannt werden könnte, muss entsprechend der Entwicklung des Kindes auf der Mittelstufe eine «Lernmethode» werden. Nicht was gelehrt wird, sondern was gelernt wird, steht im Vordergrund der Betrachtung. Der Fremdsprachenlehrer lehrt nicht, er gestaltet, arbeitet den Unterrichtsstoff auf, arrangiert ihn in Situationen, die es dem Schüler durch das Annehmen dieses Stoffarrangements leichter machen zu lernen. Regelmäßiges wird ins Bewusstsein gerufen, ganz langsam werden Gerüste, Gliederungen, Ordnungsraster über die zunehmende Sprachfülle gelegt. Dem Schüler wird, weit vorausgreifend ins Schuljahr, geplant und systematisch die Grammatik der fremden Sprache bewusst gemacht.

Von der Nachahmungs- zur Lernmethode

Das Leitmotiv, um wirkungsvolles Lernen zu ermöglichen, ist über die gesamte Mittelstufe hinweg das Bewusstmachen von Sprachgesetzmäßigkeiten aufgrund von Eigeninitiative der Schüler. Der Lehrer bietet Gesprächssituationen und ständig variierende Übungsmöglichkeiten an. Er verschafft den Schülern Gelegenheit, bestimmte grammatische Strukturen anzuwenden und daraus Gesetzmäßigkeiten zu erkennen. Erleben lassen, wie das Gelernte aus einem selbst kommt, ist das Motto. Jede Regel, die der Schüler von sich aus herausfindet und in eigenen, wenn auch noch unbeholfenen Worten beschreibt, ist um ein vieles fruchtbarer als eine vorgefertigte, vom Erwachsenenwissen geprägte Formulierung. Diese engt das Kind leicht ein. Auch grammatische Erklärungen müssen wachsen und sich verfeinern kön-

Wie werden grammatische Gesetzmäßigkeiten bewusst gemacht?

nen. In der Muttersprache werden diese Regeln in ein eigenes Grammatikheft eingetragen, nachdem der Lehrer sie an die Tafel geschrieben hat. Viele Unterrichtsstunden, in denen die Regel immer wieder aus einer Gesprächs- oder Übungssituation heraus zur Anwendung gekommen ist, gehen diesem Eintrag und dem anschließenden Auswendiglernen voraus. So wird aus dem unmittelbaren sprachlichen Handeln herausgeführt, hin zur Bewusstmachung, um dann wieder zum unbewussten, situativen, spontanen Umgang mit der Gesetzmäßigkeit zurückzuführen. Die sprachliche Sicherheit, eine schon häufig verwendete Struktur verstandesmäßig durchdrungen zu haben, gibt dem Mittelstufenschüler auch ein inneres Sicherheitsgefühl. Unsicherheiten werden dadurch beseitigt, dass er etwas gedanklich durchschaut und danach zu einem begründeten Urteil über Falsch und Richtig kommt. Das gibt innere Richtung, Zutrauen, Selbstbewusstsein, richtet den Heranwachsenden auf, bildet im wortwörtlichen Sinne ein stabiles Knochengerüst. Vermutlich ist das die wichtigste (pädagogische) Funktion des Grammatikunterrichts der Klassen 4 bis 8.

Das Sprachgefühl fördern

Sprachwissen hat jedoch im Hinblick auf spontanes Sprechen eine ganz andere Bedeutung als Sprachgefühl. Hierfür haben die Schüler gerade im Unterstufenunterricht schon sehr viele Hilfen erhalten. Geschah diese Hilfestellung dort über Reime, Abzählverse, Lieder und kurze Dialoge sowie über Geschichten, so kommt man ihnen auf der Mittelstufe unter anderem dadurch entgegen, dass man sie häufig auswendig lernen lässt. Hierdurch dringt die fremde Sprache in jene unbewussten Schichten, in denen sich das Sprachgefühl bildet. Diese Schichten sind es, die dann einen Oberstufenschüler mit Treffsicherheit sagen lassen: «Ich weiß nicht warum, aber das muss falsch sein, denn es klingt so komisch.» Alles, was den Schülern im Fremdsprachenunterricht der Mittelstufe begegnet, eignet sich zum Auswendiglernen: Alltagsdialoge, Gedichte, Passagen aus der Lektüre usw. Dem selbst praktizierten Umgang mit der fremden Sprache kann gar nicht genug Gelegenheit gegeben werden. Belehrungen, Erklärungen, Lehrervorträge bleiben für das kindliche Erleben meistens etwas Fremdes, weil von außen «beigebracht». Sie sind lediglich schlechter Ersatz für das eigene Sprechen und für das Lesen und Hören dessen, was man (hoffentlich) hören will und möchte.

Gefördert wird das Sprachgefühl (und natürlich genauso die Erweiterung des Wortschatzes) besonders aber auch, indem Geschichten gelesen werden. Die ersten Lektüreheftchen ziehen nun deshalb ins Klassenzimmer ein. Auch hier muss dem nicht zu übersehenden Wunsch der Schüler nach Sicherheit entsprochen werden. Sicherheit im Textverstehen steht an vorderster Stelle. Dass es dazu weder der Übersetzung noch der zweisprachigen Vokabelgleichung bedarf, soll in Kapitel 6 erläutert werden. Elementares Textverständnis, also «Wer erzählt, wer handelt wie und wo mit wem und warum?», ist für den Lernenden eine unabdingbare Voraussetzung, wenn man von ihm verlangt, über den Inhalt mit anderen ins Gespräch zu kommen. Zudem wird mir als Schüler das so wichtige Lesen, bei dem der Sinn der Sätze ausdrucksvoll in Erscheinung treten soll, erleichtert, wenn mir zunächst zum Verstehen eines Abschnitts, einer Seite verholfen wird.

Die erste Lektüre im Unterricht

Wie der Mittelstufenunterricht das Gedächtnis und die allmählich anwachsenden intellektuellen Kräfte des Schülers berücksichtigen muss, so muss er auch versuchen, Freude, Spannung, Trauer, Humor, d.h. dem Gefühl, Raum zu geben. Mit sehr viel Feingefühl wird deshalb die Lektüre ausgewählt. Zum klassischen Kanon der Waldorfschule gehörende Lektüren können anfangs vielleicht ebenso wenig innere Anteilnahme auf Seiten der Schüler hervorrufen wie Texte, die so ganz dem augenblicklichen Interesse und der Welt der Schüler entsprechen. Die Sagenwelt Irlands z.B. scheint zunächst unüberbrückbar fern für Fünftklässler zu sein, deren Nachmittagsprogramm nicht selten aus dem «Hopping» durch die Satellitenprogramme des Fernsehers besteht. Und dennoch, das künstlerische Erzählen einer Sage vermag auch diesen Kindern zum Hinhören zu verhelfen.

Das dann geschilderte Menschenschicksal kann Empfindungen ermöglichen, die nicht nur das «Zum-Wort-Greifen» in der fremden Sprache erleichtern, sondern den Schülern helfen, das eigene Erleben abzuklären, die Wahrnehmung von Welt differenzierter werden zu lassen, die Beobachtungsmöglichkeiten zu verbreitern, ihr Selbst- und Weltverständnis ein klein wenig zu erweitern. Ein Rezept gibt es für die Auswahl der Lektüre nicht. Um über eine Lektüre das Lernen der fremden Sprache zu erleichtern, müssen wohl in den Blick genommen werden: die individuelle Klasse und ihre Vorlieben; die «inneren Themen» des jeweiligen Lebensalters; Steiners Beschreibungen der betreffenden geistig-seelischen Entwicklungsstufe; die daraus notwendig werdenden «Seelennahrungen»; sprachpraktische Ziele; das Ziel, mit der Eigenart der fremden Kultur vertraut zu machen; unterrichtsorganisatorische Gegebenheiten; das spätere Leben der Schüler. Eine Geschichte, denen sich Schüler gefühlsmäßig einfach nicht nähern können, kann auf der Mittelstufe weder pädagogisch noch sprachpraktisch gesehen hilfreich sein. «Fremde Sprachen lernen können» ist bei Zehn- bis Fünfzehnjährigen noch sehr gebunden an «Freude am Sprachunterricht haben». Die Lektüreauswahl für die Kinder und die Form der Erarbeitung dürfen an dieser Erfahrungstatsache nicht vorbeigehen.

Zur Auswahl der Lektüre

Wir haben zu zeigen versucht, dass die unbewusste Aufnahme von Regeln auf der Mittelstufe durch eine bewusste Durchdringung der Grammatik ersetzt wird. Auch die unbewusste Aufnahme des Wortschatzes in der Unterstufe wird nun abgelöst von einer Wortschatzarbeit, die der Schüler nachvollziehen kann und ihm einsichtig ist. Auf der Mittelstufe, häufig ab Klasse 6, entstehen deshalb Wörterverzeichnisse. Ob ein Vokabelheft, eine Vokabel-Losblattsammlung oder eine Vokabelkartei verwendet wird, ist nicht so wichtig wie die Tatsache, dass bestimmten Wünschen dieser Altersstufe nachgekommen wird: Die allermeisten Schüler möchten:

Wortschatzarbeit

- die Vokabeln, die offenbar von besonderer Wichtigkeit sind, schriftlich festhalten
- deren Bedeutung erfassen
- die neuen Vokabeln in Sätzen anwenden können
- bestimmte Wörter, z.B. beim Schreiben der Hausarbeiten, möglichst schnell wiederfinden
- Wörter mit Hilfe des Vokabelverzeichnisses lernen können.

Auch wenn diese Wünsche und deren Umsetzung nicht selten auseinander klaffen, ist auf sie, schon weil aus didaktisch-methodischen Überlegungen heraus durchaus sinnvoll, einzugehen. Viele Mittelstufenschüler wollen hinzulernen und ihre Lernfortschritte erkennen können. Für sie ist, aller Erfahrung nach, das Gefühl, etwas zu lernen, eine Wohltat.

Die systematische Wortschatzarbeit, die in der Unterstufe nur durch die sorgfältige Unterrichtsplanung gesichert war, findet nun also u.a. durch das Anlegen eines Vokabelverzeichnisses statt. Das Lernen neuer Wörter fällt jetzt schwerer als auf der Unterstufe, aber die Anzahl der Wörter nimmt nun auch merklich zu. Diese große Herausforderung an die Schüler muss sein, sollen diese doch im Verlauf der Klassen 4 bis 8 allmählich über so viele Wörter verfügen, dass zu Beginn der Oberstufe das Schüler-Lehrer-Gespräch während des Unterrichts ohne die Muttersprache auskommen kann.

Hervorgehoben werden soll noch einmal, dass auf der Mittelstufe die Kinder langsam, behutsam und systematisch mit dem Aufbau der Sprache vertraut gemacht werden. War es in den ersten drei Klassen entwicklungspsychologisch sinnvoll, den Schülern Gelegenheit zu geben, die fremde Sprache unreflektiert und unmittelbar aufzunehmen, so ist es in den Klassen 4 bis 8 notwendig, die Fremdsprache auch gedanklich aufnehmen zu lassen. Wie seit Beginn der 1. Klasse ist auch weiterhin gewissenhaft mit der Frage umzugehen, wie man im Fremdsprachenunterricht die neu erwachten Fähigkeiten, nämlich in diesem Alter das begreifende Denken und die Gedächtniskräfte, pflegt und fördern kann.

Gedankliches Aufnehmen der Fremdsprache

begreifendes Denken & Gedächtniskräfte

Die Oberstufe

Mit dem Ende der Pubertät erwächst dem Jugendlichen eine schwierige Aufgabe. Zu seiner gesunden Entwicklung gehört nun, dass es ihm gelingt, eine Brücke zu bauen zwischen dem stark gefühlsmäßig gefärbten Subjektiven und dem Objektiven, der Welt, wie sie faktisch ist. Das Scheitern dieser Aufgabe droht eigentlich ständig: Vorurteile können übermächtig werden; Selbstkritik kann sich nur mangelhaft entwickeln; die Welt wird nicht mehr perspektivisch wahrgenommen, sondern egozentrisch assimiliert; Bequemlichkeit übertrumpft die Anstrengungsbereitschaft; sachliche Gegebenheiten werden mit Hilfe der auflebenden intellektuellen Fähigkeiten und zur eigenen Freude subjektiv zurechtinterpretiert; schnelle, schroffe Urteile verhindern ein prüfendes Betrachten. Die Bedürftigkeit des Jugendlichen hinsichtlich dieses schwierigen und das spätere Leben erheblich beeinflussenden Brückenbaus kann kaum überschätzt werden. Hilfe kann hier der Unterricht bieten, jedenfalls wenn der Schüler in ihm Anstöße erhält, sein Denken, Fühlen und Wollen den Weltverhältnissen und nicht vorrangig sich selber zu widmen; wenn ihm häufig die Chance geboten wird, zu eigenen begründeten Urteilen zu kommen, die dann seinem Denken und Handeln eine innere Richtung geben; wenn in diesem Unterricht die hinter den schroffen Urteilen verborgenen Ideale aufgegriffen werden; wenn der Jugendliche ermutigt wird, seine Ideale und Träume ernst zu nehmen; wenn der Lehrer zur Rolle des freundschaftlichen Begleiters findet und den Schülern keine Inhalte aufdrängt, sie nicht dirigiert, sondern Phänomene und Fakten sprechen lässt.

Die innere Situation der Jugendlichen

Es ist eine große Hilfe für den Fremdsprachenlehrer, von Rudolf Steiner auf diese Bedingungen aufmerksam gemacht worden zu sein. Aus ihnen lassen sich unmittelbar Inhalte, Methoden und die für das fremdsprachige Gespräch so besonders wichtige Form des Lehrverhaltens ableiten. Vor allem aber sind diese Hinweise auch konkrete Ratschläge für das Miteinander-ins-Gespräch-Kommen, dem Herzstück des Fremdsprachenunterrichts.

Auf der Oberstufe kommen deshalb Texte in den Unterricht, die in die Welt – hier und jetzt – hineinführen und damit gleichzeitig den Fremdsprachenunterricht bei den Schülern als im Leben stehend erscheinen lassen. Jetzt tauchen aktuelle Zeitungsartikel aus der internationalen Presse auf, jetzt wird – dies gilt für den Englischunterricht – die enorme Vielfalt der englischsprachigen Welt vor Augen geführt, zeitgenössische Lyrik, Dramatik und Prosa werden zum Gesprächsstoff, es geht um politische Entwicklungen, die das gegenwärtige Jahrhundert geprägt haben und noch prägen, und es gilt, die geschichtliche Bedingtheit der Gegenwart aufzuzeigen.

Herzstück des Unterrichts: miteinander ins Gespräch kommen

An verschiedensten Themen können die Jugendlichen ihr Urteilsvermögen schärfen, etwa an den mitreißenden Charakteren Shakespeares und deren Handlungsmotiven (was nicht selten zu heftigen verbalen Auseinandersetzungen führt), an der Verbindung zwischen Kolonialismus, Imperialismus und dem Rassismus (nicht nur in den USA, sondern auch in uns und unserem Alltag), an den von Idealen geleiteten revolutionären Gedanken der englischen Romantiker oder an den sozialen Ungerechtigkeiten, die in Nordirland herrschten. Dem Idealismus der Heranwachsenden wird Mut gemacht, wenn es gelingt, dass es zu stillen Freundschaften mit Persönlichkeiten kommt, die sich ebenfalls von einem Traum haben leiten lassen und dadurch Durchsetzungskraft gewonnen haben, ohne Träumer zu sein: Martin Luther King, Mahatma Gandhi, Henri Dunant, Jean Monnet, Nelson Mandela, Florence Nightingale, Michael Faraday, Marie Curie und andere.

Der Lehrer wird zum freundlich-freundschaftlichen Begleiter, da er sich im Gespräch über einen literarischen Text als ein Leser in einer «Gemeinschaft von Lesern», nicht aber als der Interpretationsmeister gibt. Indem er sachlich die kommunikativen Missverständnisse sinnfälllig macht, die durch falsche Wortwahl, unkorrekte

Aussprache oder die fehlerhafte Anwendung grammatischer Strukturen hervorgerufen werden, lässt er Tatsachen bzw. die Logik der sprachlichen Zusammenhänge sprechen.

Den Inhalten für die Klassen 9 bis 12 liegt bei der Vermittlung zudem eine Zielrichtung zugrunde, die in den ersten acht Jahren schon vorbereitet wurde und jetzt intensiv verfolgt wird: Die Bewältigung von literarischen Texten, Sachtexten und Gedichten einerseits und die Arbeit an der Sprache (Grammatikarbeit, Übersetzungen, Wortschatzerweiterung) andererseits sollen den Jugendlichen immer näher an die anderen Kulturen führen und sie ihm noch vertrauter werden lassen. Die besonderen Merkmale der betreffenden Völker sind in der Literatur, in den Dramen und den Sachtexten ablesbar und werden bei der Lektüre sinnfällig gemacht. Es gibt kaum authentische Texte, mit denen den Schülern nicht nahe gebracht werden kann, was zur kollektiven Erinnerung der englisch-, französisch- oder russischsprechenden Völker gehört, was eine quasi-mythologische identitätsstiftende Funktion bei ihnen angenommen hat. Keineswegs dient die Vermittlung dieser Art indirekter Kulturkunde der Abgrenzung der eigenen von den fremden Kulturen. Vielmehr wird ein solcher Fremdsprachenunterricht dem Jugendlichen jede Kultur als allgemein menschliches Gut sichtbar machen, das Andere verliert sein Fremdes (vgl. Seite 16 f.).

Vertraut machen mit anderen Kulturen

Gleiches leistet die Arbeit an den sprachlichen Strukturen und am Wortschatz. Wenn die Baugesetze einer Sprache als Symptom für die Denk- und Lebensgewohnheiten der anderen Sprach- und Kulturgemeinschaften durchschaut werden – und hierin besteht die Verwandlung der Grammatikarbeit auf der Oberstufe –, dann geht man auf die andere Kultur sympathisch, Verständnis suchend zu. Zum Beispiel lassen sich durch die typisch englischen Konstruktionen des Infinitivs, des Partizips und des Gerundiums und die Verwendung des Artikels oder der Nominal- und Verbalwendungen gut englische Wesenszüge veranschaulichen. Kürze, Knappheit,

Kraft und Mannigfaltigkeit des Ausdrucks treten für die Oberstufenschüler als die wesentlichen Kennzeichen der englischen Sprachseele deutlich in Erscheinung. Auch die Formen des Verbs und ihr Gebrauch, jene Wortart, von der Rudolf Steiner im Fremdsprachenunterricht auszugehen rät, öffnet tiefe Einblicke in das Wesen der englischen Sprache und ihrer Sprecher: höchste Beweglichkeit und Mannigfaltigkeit bei großer Genauigkeit des Ausdrucks.

Typischen Ausdrucksformen ist auch die Arbeit an Übersetzungen auf der Spur. Unter dem Aspekt des Sprachvergleichs sind solche Übungen nun auf der Oberstufe legitim und erweisen sich als fruchtbar. Bei der Erarbeitung der literarischen Texte und der Sachtexte sollen die Schüler ebenfalls typische Redewendungen finden. Idiome, Kollokationen (das sind feste Verbindungen z.B. zwischen einem Adjektiv und einem Substantiv) und Redemittel des Diskutierens, des Zusammenfassens und Analysierens von Sachtexten werden im Vokabelverzeichnis festgehalten. Sie sollen so gelernt werden, dass man sie bei schriftlichen Arbeiten wie auch im spontanen Dialog anzuwenden vermag.

Kulturelle Besonderheiten in Grammatik, Wortschatz und Stil

Stilistische Feinheiten werden betrachtet und zur eigenen Erprobung geführt: Wie können Sätze stilistisch fein miteinander verknüpft werden? Wie kann innerhalb eines Satzes Präzision im Ausdruck meiner Denkbewegungen durch Konjunktionen erzielt werden? Wie mache ich dem Leser oder Hörer eine zeitliche Gliederung deutlich? Wie vermittle ich meine Vorbehalte, meine Zustimmung, meine begründete Ablehnung? Wie kann ich dem Adressaten ein möglichst genaues Bild von einer Handlung (reicher Schatz an Verben) oder von den Eigenschaften eines Menschen (reicher Schatz an Adjektiven) geben?

Mit dem Aufspüren und Erkennen kulturspezifischer Inhalte und sprachlicher Ausdrucksformen geht so auch die ständige Erweiterung der mündlichen und schriftlichen Ausdrucksmöglichkeiten einher. Sie werden selbstverständlich ständig ausprobiert, im Unterrichtsgespräch und in schriftlichen Arbeiten. Letztere werden in den Klassen 11 und 12 viel Raum für selbständige Äußerungen geben: Kommentare (zu Gedichten, Sachtexten etc.), Referate über selbst gewählte Themen, eigene kleinste literarische Versuche. Steiner wünschte sich für den Unterricht ein Sprechen der fremden Sprache ausgehend von eigenen Gedanken. Weiter oben wurde es «ich-bestimmtes Sprechen» genannt. Die gedanklichen Auseinandersetzungen, mit denen sich der Oberstufenschüler im Fremdsprachenunterricht konfrontiert sieht, sind sehr geeignetes Material zur intensiven Begegnung mit den anderen Kulturen, aber auch hervorragende Anlässe für ein solches ich-bestimmtes Sprechen.

4. Exkurs: Abschlussprüfungen und Lehrbücher

In Gesprächen mit Eltern trifft man nicht selten auf den Wunsch, dass auch an Waldorfschulen Lehrbücher im Fremdsprachenunterricht verwendet werden. Ein wenig grob beschrieben, könnte man sagen, dass er auf mindestens zwei Hauptbeweggründe zurückzuführen ist: Die Befürworter von Lehrbüchern befürchten zum einen, dass das eigene Kind ohne ein Lehrbuch nicht genügend lernt bzw. lernen kann, um die am Horizont stehenden Abschlussprüfungen zu bestehen. Zum anderen sind sie davon überzeugt, dass Lehrbücher ein Garant für einen erfolgreichen Spracherwerbsprozess sind. Mit beiden Beweggründen ist urteilsmäßig sehr sorgfältig umzugehen.

Lehrbücher im Fremdsprachenunterricht?

Die derzeitige Arbeitsplatzsituation in Europa übt in einem Maß Druck auf die sich um die Zukunft ihrer Kinder sorgenden Eltern aus, wie man ihn seit Ende des Zweiten Weltkrieges noch nicht erlebt hat. Der Notwendigkeit eines qualifizierten Abschlusses zur Chancensicherung auf dem Arbeitsmarkt kann niemand mehr ausweichen, und sie dringt selbstverständlich auch in die Waldorfschule mit all ihren Konsequenzen ein. Auch wenn sich die Waldorfschulen nicht als Zulieferer für die Wirtschaft verstehen, so können sie als Bildungsinstitutionen, die staatliche Abschlussprüfungen anbieten, vor diesen neuen gesellschaftlichen Bedingungen nicht die Augen verschließen. Das bedeutet meines Erachtens, dass sie auch die Erwartungen der Eltern, die diese gegenüber dem Fremdsprachenunterricht haben, sehr ernst nehmen müssen, selbst wenn hier die instrumentelle Seite des Spracherwerbs stark im Vordergrund steht. Die Eltern dürfen von einer Waldorfschule, die neben der

Vorbereitung auf Abschlüsse

zwölfjährigen Schulausbildung auch Hauptschul-, Realschul- und Abiturabschlussprüfungen offeriert, erwarten, dass ihre Kinder auch gut auf diese Prüfungen vorbereitet werden. Das bedeutet zwar nicht, dass die Prüfungen den Unterricht ab der Mittelstufe hinsichtlich der Methodik und der Stoffauswahl sozusagen einfärben; aber der Unterricht darf auch nicht ein gutes Gelingen der staatlichen Prüfungen verbauen. Auf den Fremdsprachenunterricht bezogen heißt das, dass eben jene Fertigkeiten, die in den Prüfungen gefordert werden, sehr wohl sorgfältig angelegt werden müssen. Doch schon dieser letzte Satz könnte so verstanden werden, als sei hier von zwei verschiedenen Fertigkeitsbereichen die Rede, nämlich einem Bereich, der die Prüfungsanforderungen abdeckt, und einem zweiten, der mit den Zielen des waldorfgemäßen Fremdsprachenunterrichts korrespondiert. Diese Vermutung ist ganz und gar falsch. Es handelt sich selbstverständlich um ein und denselben Fertigkeitsbereich. Die Waldorfschule wählt lediglich eine andere Methode, um diese Fertigkeiten des mündlichen und schriftlichen Ausdrucks, aber eben darüber hinaus noch weitere Ziele zu erreichen.

Hinsichtlich der Stoffauswahl unterscheidet sich die Waldorfpädagogik gar nicht so sehr von den staatlichen Schulen. Ihre Eigenart liegt vielmehr in der Platzierung der Stoffe im Verlauf der zwölf Jahre und insbesondere in der Methodik. Es ist darüber hinaus die feste Überzeugung des Verfassers, dass diese Methodik dem Erwerb der erwähnten pragmatischen Fertigkeiten ganz große Dienste leistet. Und zwar deshalb, weil diese Fertigkeiten nicht aus «Lern-Schnellwegen», nicht aus immer nur zweckentsprechenden Materialanordnungen und dem gleichschrittigen Abarbeiten der vorgeschriebenen Lehrbuchlektionen entstehen, sondern aus Inhalten, die für den Lernenden bedeutungsvoll sind, aus bewusst geplanten «Lern-Umwegen», aus Verfahren, die nichts mehr fürchten als Routine zu sein, aus einem möglichst häufigen erlebnishaften Umgang mit der fremden Sprache. «Tell me and I forget. Teach me and I remember.

«Involve me and I learn»

Involve me and I learn», soll Benjamin Franklin gesagt haben; involviert sein, hineingezogen sein mit Kopf, Herz und Hand verankert Fertigkeiten tief im Heranwachsenden und macht sie ihm für lange Zeit verfügbar.

Welche Vorteile haben Lehrbücher?

Die Überzeugung, dass man Sprachen mit Hilfe von Lehrbüchern besser, erfolgreicher lernen kann, gründet meines Erachtens auf einer Anzahl von Vorteilen, die durchaus mit einem Lehrbuch verbunden sind. Bei einem Lehrerwechsel weiß der nachfolgende Kollege genau, was durchgearbeitet wurde. Bei einem Schulwechsel kann sich der betroffene Schüler im Lehrbuch über den Stand der übrigen Klasse orientieren. Schwächere Schüler können grammatische Kapitel oder Vokabeleinheiten im Lehrbuch nacharbeiten. Das strenge Durcharbeiten der Lehrbucheinheiten garantiert im Verlauf des Schuljahres ein systematisches Fortschreiten im Bereich der Grammatik. Gleichermaßen gewährleisten Lehrbücher das Angebot eines kompletten Grundwortschatzes. Der Unterricht des Fremdsprachenlehrers, der sich ganz an der Progression des Lehrbuchs orientiert, ist für die Eltern durchschaubar. Vor dem Hintergrund dieser Vorteile ist es verständlich, dass Lehrbücher vielen Eltern und Schülern ein Gefühl der Sicherheit geben.

Nachteile

Doch sollte man wie bei allen Urteilsfindungen auch mögliche Gegenargumente bedenken. Lehrbücher sind Waren, die mit enormen Herstellungskosten, aber auch gewaltigen finanziellen Gewinnen verbunden sind. Das Warenhafte an ihnen zeigt sich darin, dass heute keine Lehr*bücher* mehr hergestellt werden, sondern Lehr*werke*. Zu jedem Lehrbuch gehören inzwischen Übungsbücher, Tonkassetten und weitere Zusatzmaterialien verschiedenster Art. Das Ausgangsprodukt «Lehrbuch» zieht weitere Produkte nach sich, auf die der Lernende angewiesen ist, und das heißt erwerben muss. Das Warenhafte tritt aber auch dadurch zum Vorschein, dass das Lehrbuch im Kampf um Marktanteile immer auf dem neuesten Stand zu sein hat. Das führt zu vergleichsweise raschen Neuproduktionen, und leider bestimmen kaum pädagogische Gesichtspunkte über das, was «neuester Stand» bedeutet. Die mit Comics zumindest verwandte Art von modernen Lektionstexten, die Themenwahl bzw. die Ausschnitte von Sprache, die mehrheitlich angeboten werden, sowie die nicht endenden Versuche der Verlage, die Käufer vom schnellen und leichten Erlernen der Fremdsprache mittels ihrer Produkte zu überzeugen, verweisen auf andere, dem pädagogischen Ziel von Schule fremde Kriterien für den erwähnten «neuesten Stand», nämlich

- auf das Freizeit-Leseverhalten der Mehrzahl der Jugendlichen, das viele visuelle Stimuli und eine Vereinfachung bzw. Reduktion von Sprache auf oberflächlichen Redeaustausch enthalten muss
- auf die Notwendigkeit der Schulbuchverlage, sich hinsichtlich der Themen und Sprachausschnitte den Systemforderungen von Kommerz, Handel, Verwaltung und Touristik zu beugen
- auf die Tatsache, dass schon seit langem Lehrwerke in den Sog der Normen für zeitsparende Erledigung, also für Lernschnellwege, geraten sind, in ihnen der Lehrer nicht darauf hingewiesen wird (bzw. kein Material angeboten bekommt), dass sich Lernzuwachs auch über Lieder, Gedichte, dramatische Szenen etc. einstellen kann.

Lehrbuch als Produkt der Lehrmittelindustrie

Der realistische Blick auf das Lehrbuch als Produkt einer Lehrmittelindustrie relativiert zumindest stark den Glauben, dass Lehrbücher, sprachwissenschaftlich, sprachdidaktisch und pädagogisch gesehen, im Interesse des Schülers geschrieben werden.

Die einmal begonnene Arbeit mit einem Lehrbuch verlangt vom Lehrer eine strenge Bindung an die jeweilige Lehrbuchprogression. Die Lehrbuchautoren bauen ihren Kurs wie ein Kartenhaus auf, in dem jede Karte die Stütze einer anderen ist. Vor allem aber kann der

Lehrer nur bedingt zum Architekten werden. Das heißt, die so entscheidende Bestimmung des Lernziels, bei der der Lehrer z.B. darüber entscheidet, welche Verwendungsmöglichkeiten eines grammatischen Phänomens er in seinem Unterricht vermitteln und welche er nicht vermitteln will, ist ihm aus der Hand genommen. Dies hat schwerwiegende Folgen, denn mit einer selbst vollzogenen Festlegung des Lernziels besitzt der Lehrer den roten Faden, der bis in kleinste Unterrichtsphasen hinein sein Leitfaden ist.

Standardisierter Lernprozess

Lehrbücher sind immer für alle Schüler einer Klasse gleich, sie standardisieren den Lernprozess. Dies ist eine Binsenweisheit und dennoch bedeutsam. Der Einsatz von Lehrbüchern gründet auf der Voraussetzung, dass der vom Autor vorgesehene, sorgfältig in einzelne Schritte zerlegte Lernweg von allen Schülern in der geplanten Weise, mit einheitlichem Tempo und mehr oder weniger gleichem Erfolg beschritten wird. Auf die individuellen Lernwege, Lerntempi und ganz verschiedenen Arten der Bewältigung des Lernstoffs können Lehrbücher nicht eingehen. Nur ein Lehrer, der seine einzelnen Schüler kennt, sie vor allem in ihrer Reaktion auf das Dargebotene erlebt, kann überhaupt versuchen, Fremdsprachenunterricht zu individualisieren. Das heißt unter anderem anzuerkennen, dass ein Schüler den gerade behandelten Lernstoff erst zu einem späteren Zeitpunkt in seine «Lernergrammatik» aufnehmen wird und er deswegen jetzt erst einmal in Ruhe gelassen werden will; zu beobachten, dass ein Schüler einen Text nur schwer versteht und ihm deshalb andere Fragen gestellt werden müssen als den übrigen Schülern; wahrzunehmen, dass bestimmte Verben von einigen Schülern überhaupt noch nicht im Zusammenhang eines Satzes verwendet werden können, so dass sie besonderer Übungen bzw. Hilfen bedürfen; oder die Beziehungen aufzuspüren, die einzelne Schüler zur Lebenswirklichkeit haben, um diese für ein sprachliches Miteinander zu nutzen. Diese und andere Individualisierungen kann ein Lehrbuch per se nicht leisten. Nicht zu unterschätzen ist ein zweiter Aspekt der erwähnten Standardisierung des Lernprozesses: Schüler, deren individueller Lernweg es ihnen nicht möglich macht, sich immer dem vorgeschriebenen, einheitlichen Vorgehen anzupassen, fallen auf, und zwar in der Regel als «lästig», wenn nicht sogar als «lernschwach».

Lehrbücher, auch das liegt in der Natur der Sache, geben vor und determinieren. Deshalb ist bei ihnen die Gefahr groß, dass es selten zum selbständigen Erarbeiten der verschiedenen Lernbereiche kommt. Dieses Vorgeben und Determinieren lässt zudem häufig die Hand, die Absicht des Autors spüren. Denn er muss in seine Lektionen viel Lernstoff hineinbauen, um die Vollständigkeit im Bereich der Grammatik und eine Systematik im Aufbau des Wortschatzes zu erreichen. So sind die Dialoge und Prosastücke der Lehrbücher in ihrer absoluten Mehrzahl Grammatikbeispiele und Wortschatzbehälter, sehr selten jedoch zunächst Sinnangebote ohne grammatische Überfrachtung und ohne Wortwahl nach Listen, die eingehalten werden müssen.

Ein letztes Argument kommt aus der Lehrerperspektive; es steht jedoch auch in Beziehung zum Schüler. Die Einführung eines Lehrbuches nimmt dem Lehrer die Freiheit der Gestaltung seines Unterrichts. Das bedeutet vor allem den Verzicht auf die Verwendung selbst hergestellter Unterrichtsmaterialien für die Grammatikarbeit, auf die aus privaten Studien und Reisen entstandenen landeskundlichen Unterrichtseinheiten, ein selbst ausgewähltes Vokabular, die auf Lehrerfahrung gründende Stufung des Grammatikunterrichts, insbesondere aber die Auswahl derjenigen Texte und Gedichte, von denen man sich für das Unterrichtsgespräch und die geistig-seelische Entwicklung der Jugendlichen einer bestimmten, individuellen Klasse viel verspricht und die man zudem mit Enthusiasmus vermitteln kann.

Freiheit der Unterrichtsgestaltung

Es wird für manche Leser, insbesondere wenn Enttäuschungen mit dem Fremdsprachenunterricht an Waldorfschulen vorliegen, nicht leicht sein, die genannten Gegenargumente zu akzeptieren. Vielleicht verhelfen zwei abschließende Hinweise zu einer Annäherung. Es ist aufschlussreich, die wissenschaftlichen Fachzeitschriften zum Fremdsprachenunterricht zu studieren. Der Verfasser hatte dazu in den vergangenen 28 Jahren regelmäßig Gelegenheit. Die Klagen über die Einsilbigkeit der Oberstufenschüler im Fremdsprachenunterricht der Regelschule und das Bedauern über die letztlich nicht zufrieden stellenden Ergebnisse nach Ablauf der Schulzeit lassen nicht nach. Die Ernüchterung ist groß, nach so vielen Versuchen mit unterschiedlichsten Methoden, nach der jahrelangen Diskussion um kommunikative Lernziele, den vielen Forschungsbeiträgen der Sprachwissenschaft und den zahlreichen, angeblich immer besseren Lehrwerken.

Das Anliegen: den individuellen Schüler ansprechen und Sinnangebote machen

Der zweite Hinweis: Dass viele Fremdsprachenlehrer an Waldorfschulen sich weigern, Lehrbücher einzusetzen, ist nicht in einem Dogma Rudolf Steiners begründet, an dem die betreffenden Lehrer unkritisch und starr festhalten. Nein, die Weigerung gründet in einem zweifachen Wunsch. Einerseits möchte man den gerade vor einem sitzenden jungen Menschen und nicht den von Lehrbuchautoren vorgestellten, aber nicht lebenden Schülertypen den Zugang zur fremden Sprache verschaffen. Andererseits wünscht man sich, diesen individuellen Schülern Sinnangebote zu machen, die unabhängig von zweckorientierten Forderungen der Gesellschaft sind und junge Menschen in ihrer Beziehung zur Welt stärken.

5. Wie wird der Wortschatz aufgebaut?

Wortschatz- und Grammatikarbeit im Fremdsprachenunterricht als zweigeteilt, voneinander getrennt zu sehen entspricht nicht der Wirklichkeit von Sprache und auch nicht dem Tun im Unterricht. Wenn Wörter angewendet werden, dann sind auch immer grammatische Strukturen vorhanden. Wenn im Unterstufenunterricht Verse, Dialoge, Gedichte gesprochen werden, dann üben die Kinder auch immer schon Anwendungsregeln ein, und zwar zum Teil höchst komplizierte. Nur theoretisch lassen sich deshalb die Arbeit am Wortschatz und diejenige an der Grammatik getrennt voneinander betrachten. Daraus ergibt sich aber, dass vieles von dem, was im Hinblick auf den Unterricht zu dem einen Bereich gesagt wird, auch auf den anderen zutrifft.

Wie lernt man sinnvoll Vokabeln?

Auf der Unterstufe orientiert sich der Sprach- und damit auch der Wortschatzaufbau bis zu einem gewissen Grad an der Analogie zwischen Mutter- und Fremdsprachenerwerb. Die Fähigkeit des unreflektierten, unmittelbaren Einverleibens von Wörtern lässt, wie bereits dargestellt, im Alter von neun bis zehn Jahren deutlich wahrnehmbar nach. Der Wandel, der dann methodisch gesehen im Aufbau eines Wortschatzes eintritt, lässt sich auf der Mittelstufe bis zu einem gewissen Maß von einer weiteren Analogie leiten, nämlich der angestrebten Analogie zwischen dem schulischen, geplanten Lernen und dem sogenannten «natürlichen Zweitsprachenerwerb», also dem Aufnehmen einer fremden Sprache im betreffenden Land. Der Spracherwerb, der in der natürlichen Umgebung der Fremdsprache nahezu immer vergleichsweise schnell und für den Lernenden fast unmerklich vor sich geht, besitzt bestimmte Charakteristika, die offensichtlich das Lernen erleichtern. Betrachtet man die wichtigsten bedingenden

Faktoren des natürlichen Zweitsprachenerwerbs, so ergeben sich schnell Einsichten in die Art und Weise, wie an Waldorfschulen versucht wird, einen Wortschatz aufzubauen.

1. Normalerweise liegt beim Lernenden der Wunsch oder die Notwendigkeit vor, sich in die andere Sprachgemeinschaft zu integrieren. Diese Gegebenheit führt zu einer besonderen Bereitschaft zum Hinhören und Verstehenwollen und beinhaltet ein gesteigertes Interesse an der zu lernenden Sprache.
2. Der Erwerb findet im lebendigen Vollzug und in Handlungssituationen statt. Der Lernende erlebt an sich selbst bei Sprachaufnahme und -verwendung zeitgleich Fühlen, Bewegung, Denken. Zudem begegnet ihm die Sprache nie ausschnitthaft, sondern stets ganzheitlich, in Zusammenhängen. Das heißt, da sind nicht nur Wörter, sondern auch Handlung, Gestik, Mimik, Satzintonation des Gesprächspartners; und es schwingen Wünsche, Erwartungen, Absichten, Enttäuschungen, Hoffnungen usw. mit.

Orientierung am natürlichen Zweitsprachenerwerb

3. Was der Lernende in den Handlungssituationen erfährt und mitteilen möchte, ist für ihn bedeutsam, vielleicht sogar lebenswichtig. Nicht selten handelt er dabei aus lebenspraktischen Handlungs- und Mitteilungszwängen heraus. Sein sprachliches Handeln steht in einer Beziehung zu seinem eigenen Leben. Daraus ergibt sich, dass die fremde Sprache fortwährend als ein Medium eigener und inhaltlich gemeinter Verständigungsakte erfahren wird. Der Antrieb zum Sprechen ist groß – der Sprecher handelt als er selbst.
4. Die Zeit, in der *tätig* gelernt wird, ist groß, das heißt z.B. auch, dass sehr häufig Tätigkeiten, die ein Verb beschreibt, mit dem eigenen Körper verrichtet werden.
5. Die zu erwerbenden sprachlichen Elemente begegnen dem Lernenden in relativ kurzen Zeitabständen. Es kommt zum häufigen Hören und, weil diese Elemente in Situationen auftreten, zum sehr häufigen Verstehen.

6. Erst nach vielmaligem Hören, also einer recht langen Phase des innerlichen Verarbeitens, tritt dann ebenfalls häufig die Gelegenheit zur aktiven Anwendung auf.

Es ließen sich noch weitere Charakteristika des natürlichen Zweitsprachenerwerbs nennen, aber für die Aufgabe, Schülern im Fremdsprachenunterricht den Aufbau eines Wortschatzes zu erleichtern, sind die entscheidenden methodischen Anhaltspunkte gegeben:

1. Je größer die Aufmerksamkeit des Lernenden ist, desto leichter und vollständiger nimmt er die an ihn herangetragenen Wörter auf. Seine Gestimmtheit, seine Erwartungshaltung, sein Wille zu verstehen, seine Neugierde, Vorfreude, innere Beteiligung, seine Bereitschaft, sich am Unterrichtsgespräch zu beteiligen, haben ganz entscheidenden Einfluss auf das Behalten von Wörtern.
2. Wörter einer fremden Sprache prägen sich wortwörtlich wie ein Siegel in unser Gedächtnis ein, wenn die Begegnung mit ihnen z.B. mit Freude, Spaß, Neugierde, Erstaunen, Trauer, Gespanntsein verknüpft ist, kurz gesagt, wenn die Begegnung erlebnishaft ist. «Das Gefühlsleben», sagt Steiner, «mit seiner Freude, seinem Schmerz, seiner Lust und Unlust, Spannung und Entspannung usw., dieses Gefühlsleben ist dasjenige, was eigentlich der Träger des Bleibenden, der Vorstellung ist und aus dem die Erinnerung wiederum geholt wird.»[14] Das Langzeitgedächtnis wird also mit Sicherheit dann erreicht, wenn Sprache vom Gefühl und nicht nur intellektuell aufgegriffen wird.

Voraussetzungen für das Vokabellernen

3. Von großer Bedeutung für das Aufnehmen von Wörtern ist offenbar, dass beim Üben die Unterrichtswelt und die Alltagswelt des Lernenden möglichst häufig zusammengebracht werden. Schließen die Gespräche mit dem Lehrer, in denen er bestimmte Wörter mit mir üben möchte, an mein tatsächliches Leben an, werde ich im Dialog in meiner Identität angesprochen, sind mei-

ne Antworten inhaltlich von Belang, oder reagiert der Lehrer nur sprachbezogen? Dies sind Fragen des Schülers, die eine positive Antwort im Unterricht finden sollten.

4. Das Sprechen des Lehrers und der Schüler sollte möglichst häufig mit Bewegungen verbunden werden.
5. Die zu lernenden Wörter sollten dem Schüler insbesondere in der Aneignungsphase wiederholt begegnen. Sich wiederholendes Wahrnehmen und Anwenden fördert die Gewohnheitsbildung; auf das Habituelle beim jungen Menschen zu wirken heißt zudem seine Willens- und seine Erinnerungskräfte stärken. Steiner weist darauf hin, dass neben dem Weg über das Gefühlsleben der Weg über das wiederholende Tun eine zweite Möglichkeit ist, den Lebensleib zu erreichen, der das Gedächtnis des Menschen trägt.
6. Der aktiven Verwendung der neuen Wörter hat eine längere Phase der reinen Sprachaufnahme voranzugehen. In dieser Zeitspanne bekommt der Schüler Raum, sich über die Bedeutung und über die korrekte Verwendung zu vergewissern. Aufforderungen zur raschen Anwendung stören diesen Raum offenbar ganz erheblich.

Wie zeigen sich nun diese methodischen Leitgedanken im Rahmen der Wortschatzarbeit? Gilt der erste Leitgedanke wohl für alles Lernen, so ist doch für das Vokabellernen hervorzuheben, dass die Gestimmtheit des Schülers im Fremdsprachenunterricht von so besonderer Bedeutung ist, weil er einfach nicht daran vorbeikommt, das Sprechen der fremden Sprache über das Sprechen selbst zu lernen. Seine sprachliche und nicht nur gedankliche Mitarbeit ist notwendig. Er muss sich aktiv beteiligen an den Gesprächen und Übungen, um darin die Vokabeln selbständig anzuwenden, ihren Gebrauch auszuprobieren, wenn es zu Fortschritten kommen soll. Ja, die Anstrengung, die er sich abverlangt, hilft den Selektionsprozess (der bei jeder Art von Aufnahme eintritt) zu mindern und den Informationsschwund zu verringern. Zudem berauben ihn Langeweile und Desinteresse einer Chance: Ein hoher Grad an

Aufmerksamkeit erhöht eben auch die Aufnahme*kapazität*. Es kann nur angedeutet werden, wie sehr die vorgefasste Einstellung zum Fremdsprachenunterricht abhängig ist vom Verhältnis zwischen Lehrer und Schüler, vom Verhalten des Lehrers gegenüber dem Schüler innerhalb und außerhalb der Unterrichtszeit, von seinem pädagogischen Taktgefühl, seiner Anrede, seines Stimmeinsatzes, ja selbst von seinen Bewegungen vor der Klasse.

Methodische Leitgedanken

Als Lehrer stimmt man die Schüler bereits durch den Stundenbeginn erheblich ein. Fruchtbar für die Haltung des Schülers ist es, wenn der Beginn immer wieder einmal Unvorhergesehenes, Überraschendes, Neugierde Weckendes, Humorvolles enthält. Aber Stundenanfänge sind nicht allein Ursache für bestimmte Einstellungen. Diese bilden sich auch durch Vorerfahrungen mit dem Unterrichtsfach bzw. mit seinem Repräsentanten. Empfinde ich seine Stunden als langatmig? Ist ein Wechsel von Anspannung und Entspannung gegeben? Bin ich am Ende der Stunde müder oder vielleicht sogar wacher als zu Beginn? Wie geordnet, wie nachvollziehbar sind seine Stunden aufgebaut? Verspricht die nächste Stunde einen kleinen, aber für mich sichtbaren Lernfortschritt? Freue ich mich schon auf die humorvolle Art des Erzählens oder die lustige Art der Vokabelvermittlung? Das heißt, die Bereitschaft zur Teilnahme ist auch immer ein Reflex auf Vorerfahrungen, die sich wiederum aus einer Vielzahl kleiner und kleinster Unterrichtserlebnisse zusammensetzen.

Im Zusammenhang mit dem zweiten und dem vierten Leitgedanken könnte man auf die Erfahrung verweisen, dass es Schülern leichter fällt, sich z.B. an bestimmte Eigenschaftswörter zu erinnern, wenn der Lehrer folgendermaßen vorgeht: Die Adjektive «hard», «soft», «rough», «smooth» werden zunächst mit Hilfe eines Steins, eines Schwamms, eines Schmirgelpapiers und eines geschliffenen Holzstückes in ihrer Bedeutung vermittelt. In einer der nachfolgenden Stunden werden die Schüler aufgefordert, die Gegenstände – nicht die Eigenschaften – durch Ertasten zu bestimmen. Dann, nachdem der Lehrer erneut die jeweiligen Eigenschaften benannt hat, werden die Schüler gebeten, andere ihnen nicht sichtbare Gegenstände abzutasten und ihnen die Eigenschaften «hart», «weich», «rau», «glatt» zuzusprechen. Merken wird sich ein Schüler auch das Verb «to blow», wenn er den Lehrer beobachten kann, wie dieser einen Gegenstand von seiner Handfläche bläst und ihn dabei in der Fremdsprache sagen hört: «Ich blase den Ball von meiner Hand.» Nun wird der Schüler gebeten, dasselbe zu tun. Daraufhin sagt der Lehrer: «Mara can blow the ball off her hand.» Weitere Schüler blasen einen Gegenstand von ihren Händen, ihren Tischen, und jedes Mal beschreibt der Lehrer, was sie getan haben. Erst einige Unterrichtsstunden später werden die Schüler aufgefordert, etwas wegzublasen und zu sagen, was sie können. Um es zu verallgemeinern: Der Hut wird tatsächlich aufgesetzt, die Schere schneidet etwas ab, das Buch wird durchgeblättert, das Fenster mit der eigenen Hand geöffnet; das Verb rückt in die Verhaltenssphäre des Schülers.

Ansprechen der Sinne

Weitere Sinne können angesprochen werden: Der Schüler beobachtet den Lehrer, der hinter seinem Rücken jeweils gleichartige Gegenstände aneinander schlägt und in der Fremdsprache sagt: «Das war Holz, das war Metall, das war Porzellan» usw. Er spricht die Wörter noch einmal vor und lässt einzelne Schüler die Bezeichnungen wiederholen. In einer folgenden Stunde werden die Schüler gebeten, genau hinzuhören und dann das Material zu bestimmen. Oder: Im Verlauf einer Geschichte erhält jemand per Post eine große Kiste, über die er «erstaunt» ist; er versucht sie vergeblich zu öffnen und ist «enttäuscht», und nachdem er einen Schraubenzieher eingesetzt hat, ist er «hoch erfreut», einen Pinguin vorzufinden. Die Kiste braucht gar nicht im Klassenzimmer zu erscheinen. Die Armhaltung reicht, um ihre Ausmaße anzudeuten. Sehr ausgeprägt ist die Mimik und Gestik des Lehrers, wenn in seiner Erzählung die betreffenden Wörter zu hören sind. Je geschickter, je lustiger er es darstellt, desto stärker ergreift seine Darstellung das Gefühl des zuschauenden und zuhörenden Kindes, desto genauer ist das einfühlende Verstehen, das aber keineswegs ein Wort-für-Wort-Verständnis sein muss. Ein solcher fester Begriff würde vermutlich auch schnell als «gekannt» abgelegt, nicht aber offen bleiben für weitere Bedeutungen, die im Laufe der Schulzeit noch benötigt werden, nämlich dann, wenn die Wörter in anderen Zusammenhängen weitere Bedeutungen annehmen. Dass der Schüler das Wort «delighted» an diese Szene knüpft, in der eine Person «überglücklich», «hoch erfreut», «begeistert» oder «entzückt» war, und er in dieser Sekunde mit dieser Person mitgefühlt hat, ist das Entscheidende für das sichere Aufbewahren im Gedächtnis. Aber noch so gut ausgedachte Darstellungen können auch mal mächtig schief gehen, wie es sich nach einer vermeintlich brillanten Inszenierung des Lehrers erwies, in der er das Wort «headmaster» (Schulleiter) erlebnishaft vermitteln wollte. Ein Schüler schaute anschließend den Lehrer freudestrahlend an und sagte: «Ich hab's: ‹Friseur›».

Einfühlendes Verstehen fördern

Einprägend für das Gedächtnis können Aha-Erlebnisse sein, etwa wenn auf Wortursprünge eingegangen wird. Warum heißt im Englischen «Stadt» «town»? Weil Gebäudeansammlungen früher einen Zaun besaßen. Warum hört sich das englische Wort für «Schale» – «dish» – an wie unser «Tisch»? Es wurden früher die Tischplatten an einigen Stellen ausgehöhlt, damit man dort hinein die Suppe oder den Eintopf geben bzw. diese Speisen herauslöffeln konnte. Das gleiche Aufblitzen in den Augen der Schüler vermögen Wortvergleiche hervorzurufen: der englische «See» – «lake» – und die deutsche «Lache»; die deutsche «Schublade», die man hinein*schiebt*, und die englische «Schublade» – «drawer» –, die man heraus*zieht*.

Der dritte Leitgedanke ermahnt zu Wortschatzübungen, in denen die Alltagswelt des Schülers und seine Person berücksichtigt werden. Stehen einige der vor zwei bis drei Unterrichtsstunden eingeführten Vokabeln an der Tafel, die im Dialog mit dem Lehrer angewendet werden sollen, dann erleichtert man dem Schüler das sichere Aufbewahren dieser Wörter im Gedächtnis, wenn die Fragen des Lehrers echte Fragen an die Person des Schülers sind: «to be fond of» (etwas gern haben / gern tun) – Lehrer: «Are you fond of table tennis?», Schüler: «No, I'm fond of basketball»; to meet (jem. treffen) – Lehrer: «When did you first meet Thomas?» (sein bester Freund), Schüler: «I met him in 1990.» Wenn Schüler bei solchen Übungen Fragen formulieren sollen, dann sind es interessanterweise nahezu immer echte Fragen. So fragte ein verschmitzt dreinschauender Fünftklässler bei der Vokabel «to drink» den angeblich allen kulinarischen Genüssen entsagenden Waldorflehrer: «Do you drink wine?»

Echte Fragen stellen

Die Bedeutung, die das regelmäßige Wiederholen für das Behalten von Vokabeln hat, erfordert einerseits die sorgfältige Planung des Lehrers und damit sein Wissen darum, welche Vokabeln wann erneut zu üben sind. Andererseits verlangt dieser Leitgedanke viel Phantasie, denn auch die Übungen bedürfen, wie die Erstbegegnung, der Aufmerksamkeit, der Bereitschaft, wenn eben möglich der Freude des Lernenden. Schüler üben bereitwilliger, wenn sie mit einigen bekannten Wörtern eine kleine Geschichte erzählen dürfen; wenn sie auf humorvolle Fragen des Lehrers ebenso humorvolle Antworten mit den zu übenden Vokabeln geben sollen; wenn sie mit einer Anzahl vertrauter Wörter selber ein Kreuzworträtsel herstellen können; wenn sie herausgefordert werden, zwei, dann drei, vielleicht sogar vier der angegebenen Vokabeln in nur einem Satz unterzubringen; wenn sie Definitionen für bestimmte Begriffe finden sollen, die dann die Mitschüler erraten müssen; wenn sie mit Hilfe von aneinander gereihten Wörtern eines bestimmten Wortfeldes an der Tafel eine lange Brücke zwischen zwei Flussufern bauen können; wenn in einem Quiz das fehlende Element in Gegensatzpaaren gefunden werden muss; wenn Gegenstände zu erraten sind, die in der Tasche des Lehrers verborgen sind. Finden die Schüler es interessant? Sind sie neu-

Vokabellernen mit Phantasie und Freude

gierig? Beteiligen sie sich gern? – Nach solchen Fragen gestalten sich die wiederholenden Wortschatzübungen. Sich ständig verändernde, möglichst überraschend neue, angemessen anspruchsvolle, intensive, kurze und häufige (statt massive und seltene) Übungen erleichtern den Schülern die Festigung ihres Wortschatzes.

Mit dem letzten Leitgedanken, nämlich die Aufnahmephase nicht durch unmittelbar nachfolgende Aufforderungen zur Anwendung zu stören, ist ein Lehrprinzip erreicht, das auch von großer Bedeutung für den Grammatikunterricht ist. Hinsichtlich des Aufbaus eines Wortschatzes verhindert es, dass der Lernende zu früh gezwungen wird, bestimmte Wörter in einen Satzzusammenhang zu stellen. «Zu früh» heißt hier, er ist noch gar nicht innerlich bereit, hat das neue Wort in seiner Aussprache und in seiner Stellung im Satzverband noch nicht im Innern verarbeitet; auch fehlt es ihm vielleicht noch an anderen Vokabeln, die helfen, das neue Wort bedeutungsmäßig abzugrenzen. Gibt man dem Schüler jedoch dazu Zeit, verhindert man vermutlich auch, dass Angst vor der noch nicht zu bewältigenden Anforderung entsteht. Dass unter einem solchen Anwendungsdruck, ein neu erlerntes Wort sofort selber anzuwenden, auch das so wichtige vertrauensvolle Verhältnis zum Lehrer leiden kann, ist nicht schwer nachzuempfinden. Der äußerlichen Passivität, die der Lehrer dem Schüler gewährt, entspricht also nicht eine innere Passivität, vielmehr «pendelt» sich das neue Wort ein, bis es beim Schüler seinen sicheren Platz gefunden hat. Das heißt aber auch, dass diesem Einpendeln Gelegenheit zur Verwirklichung geboten wird. Der Erstbegegnung folgen in den weiteren Unterrichtsstunden kleine Phasen, in denen die Schüler die neuen Wörter in immer neuen Satzzusammenhängen und Situationen an den vertrauten Wortschatz anschließen können und so nach und nach die korrekte Aussprache, die Bedeutung und die Verwendungsmöglichkeit dieser Wörter erleben. Es bleibt während dieser Aufnahmephase aller Erfahrung nach wohl auch eine Spannung erhalten, die sehr fruchtbar ist für den Willen, das neue Wort in seiner Bedeutung zu

Zeit lassen bei neuen Vokabeln

erschließen. Unmittelbare Anwendung, aber auch das Liefern einer muttersprachlichen Übersetzung lässt es hingegen zu einer Entspannung, zu einem voreiligen Festzurren der Bedeutung kommen, so dass das neue Wort unter Umständen zur Vokabelleiche wird.

Aus dem bisher Gesagten mag der Eindruck entstehen, dass die Arbeit am Wortschatz eigentlich nur eine mündliche ist, in der die Aussprache geübt, die Bedeutung vermittelt und die Verwendung in Satzzusammenhängen praktiziert würde. Neben diesen Aufgaben stehen im Mittel- und Oberstufenunterricht selbstverständlich das Üben der Rechtschreibung und das Festhalten des zunehmend größer werdenden Wortschatzes in Vokabelverzeichnissen.

Wie kann man die Rechtschreibung üben?

Die Rechtschreibung ist natürlich nicht schon dadurch gesichert, dass das Wort in ein Vokabelheft eingetragen wird. Wie das genau geplante Umwälzen des eingeführten Wortschatzes während des Schuljahres und der Schuljahre, so muss auch die Festigung der Rechtschreibung ihre Systematik haben. Willkürlich ausgewählte Diktate haben einen geringeren Lernerfolg als vom Lehrer selbst verfasste Diktate, in denen alte Wortbestände, insbesondere diejenigen, die den Schülern immer wieder Schwierigkeiten bereiten, berücksichtigt werden. Sehr bald sind nämlich dem Fremdsprachenlehrer aus den Hausaufgabenheften solche Dauerfehlerquellen bekannt und können deshalb systematisch angegangen werden. Aber Diktaten haftet immer etwas Trockenes, Langweiliges, Dirigistisches an. So wird den Schülern auch hier das Lernen erleichtert, wenn die Rechtschreibübungen einen «Pfiff» bekommen. Zum Beispiel können mit Fünftklässlern Lastwagenanhänger mit Wörtern gefüllt werden, die die gleichen Laute (aber nicht selten eine abweichende Schreibung «weak», «piece») haben oder die die gleiche Schreibung (bei abweichender Lautung «sea», «head») besitzen. Mit Sechstklässlern können Reihen aus Wörtern mit steigender Buchstabenzahl gebildet werden, bei denen z.B. die Anfangsbuchstaben immer dieselben sein sollen oder dem Alphabet folgen. Auch könnten die Wörter der

Reihe demselben Wortfeld entstammen, vielleicht ihre Wörter immer denselben Laut bieten. Des weiteren kann man mit den Schülern auf die Jagd nach völlig gleichlautenden Wörtern mit unterschiedlichen Schreibweisen gehen, die Lücken unvollständig angeschriebener Wörter durch Erraten der fehlenden Buchstaben schließen, die verkehrte Buchstabenfolge von Wörtern ordnen, mit den Buchstaben eines gegebenen Wortes so viele neue Wörter schreiben wie möglich oder durch Anhängen eines einzigen Buchstabens die Bedeutung des Ausgangswortes völlig verändern («far» – «fare», «in» – «inn»).

Zwar machen es schon die staatlichen Abschlussprüfungen notwendig, dass die Schüler Sicherheit in der Rechtschreibung erlangen, doch ist es auch ohne diese Prüfungen sinnvoll, der Rechtschreibung immer mal wieder Übungszeit zu schenken. Zweifellos liegt der Hauptakzent auf dem Sprechen und ist auch der gute schriftliche Ausdruck zuallererst die Fähigkeit, grammatikalisch und idiomatisch korrekt und stilistisch angemessen zu formulieren. Dennoch ist es zur Vermeidung von Missverständnissen und zur Erleichterung des schnellen Verstehens auf Seiten des Lesers notwendig, sich den Konventionen der Rechtschreibung anzupassen. Wer aber einmal Gelegenheit hatte, Bewerbungsschreiben englischer Schulabsolventen zu lesen, wird nicht nur sehen, welche Probleme auch Muttersprachler mit dem Chaos der englischen Rechtschreibung haben, sondern wird auch milder auf die Fehler von deutschen Schülern blicken.

Das Aufschreiben von Wörtern in zweisprachigen Vokabelgleichungen stellt aber einen Irrweg dar, wie unsere einleitenden Überlegungen zur Sprache gezeigt haben. Solche Gleichungen suggerieren dem Schüler die Auswechselbarkeit der Gleichungselemente; zudem erschwert es ihm das Erfassen des Wortes. Das klingt zunächst paradox. Das Definitorische der Vokabelgleichungen führt dazu, dass er vom Falschen ausgeht und im Laufe der Schuljahre immer wieder korrigieren muss, nämlich dann, wenn weitere Bedeutungsnuancen des betreffenden Wortes auftauchen. Die erste, feste und zudem falsche Bedeutung sperrt sich nicht selten gegen eine Erweiterung der Bedeutung und verhindert ein «Heranwachsen» des Wortes. Da es sich bei Vokabelgleichungen darüber hinaus noch um Einzelwörter handelt, ist die Fertigkeit des korrekten Anwendens in Satzzusammenhängen sehr häufig nicht gewährleistet. Natürlich verlangt es die geringe Zeit, in der sich die Schüler pro Woche im Bereich der fremden Sprachen aufhalten, dass man von dieser Einsicht abweicht. Zum Beispiel sind Strukturwörter, also Präpositionen, Artikel, Relativpronomen, solche Ausnahmen.

Keine zweisprachigen Vokabelgleichungen

Auch beim schriftlichen Festhalten von Wörtern müssen Formen gesucht werden, die das Bewahren im Gedächtnis erleichtern können. Hilfreich ist zweifellos, wenn der Schüler beim Vokabellernen auf Ordnungen zurückgreifen kann, die Einzelwörter in bedeutungsmäßigen oder inhaltlichen Zusammenhängen erscheinen lassen, vor allem aber Assoziationsbündel anbieten. Solche Bündel ermöglichen, dass Wörter sich gegenseitig Gedächtnishilfe leisten. In Kapitel 3 wurden schon einige der folgenden Ordnungen angedeutet: Wortfelder (z.B. Verkehr), Wortfamilien (Wörter mit demselben Wortstamm: «to depend» – «independent» – «independence» – «dependable»), Gegensatzpaare («hard» – «soft»), Ganzheiten und ihre Teile («tree»: «trunk», «roots», «bark», «branch», «twig», «leaves»), Sachgruppen (Verwandte / Zeitperioden / Wasserwege etc.), Wortbildungstypen (Wortveränderungen z.B. durch bestimmte Vor- oder Nachsilben) oder Umkehrungen («to sell» – «to buy»; «to borrow» – to lend»).

Neben solchen Ordnungen wäre auch jene große Hilfe zu nennen, die sich als Umkehrschluss aus den Bemerkungen zum Erlernen von Einzelwörtern ergibt. In einem Gespräch mit einem Lehrer der ersten Waldorfschule gab Rudolf Steiner den Fremdsprachenlehrern den Rat, nicht einzelne Wörter, sondern kleine Sätzchen lernen zu lassen. Dieser Hinweis ist so fruchtbar, weil Schüler dadurch zum einen eine absolut korrekte Teilbedeutung eines Wortes erhalten, zum anderen weil sie beim späteren Nachschlagen das betreffende Wort in einer natürlichen Einheit wiederfinden, die ihnen die Verwendung – z.B. die eines Verbs in einem Satz –

vorführt. Hinzu kommt noch eine Gedächtnishilfe, denn der Satzzusammenhang ist einprägsamer als das Einzelwort. Auch mag er leichter jene Gefühle wachrufen, zu denen es ehemals im Rahmen einer Geschichte bei diesem Satz kam. Eine Satzeinheit erlaubt es dann auch, ihr eine muttersprachliche Übersetzung gegenüberzustellen. Im Gegensatz zum Einzelwort befindet sich nämlich der Satz auf der Gedankenebene. Für ihn ein muttersprachliches Äquivalent zu finden ist dann durchaus möglich und vertretbar.

Lernhilfen beim Vokabellernen

Zum Schluss unserer Skizzierung der Wortschatzarbeit sei noch auf einen weiteren Aspekt hingewiesen. So wichtig die vom Lehrer geplanten Lernhilfen beim Aufbau eines Wortschatzes auch sind, es kommt noch eine andere Tatsache hinzu: Der Wortschatz der Schüler wäre um ein Vielfaches geringer, wenn sie nur über jene Wörter verfügen könnten, die vom Lehrer bewusst als zu lernende dargeboten worden sind. Es gibt – tröstlich für den Lehrer – auch das mehr oder minder zufällige Verstehen und allmähliche Behalten von Vokabeln, die während der vielen Jahre im Unterricht zu hören waren. Anders kann man sich so manche mündliche und schriftliche Äußerung von Schülern nicht erklären. Es ist deshalb überaus sinnvoll und fruchtbar, dass im Fremdsprachenunterricht der Waldorfschulen die Lehrer nicht nur diejenigen Wörter benutzen, die ihren Schülern bereits bekannt sind, sondern immer einen sehr großen Ausschnitt der fremden Sprache anbieten.

Die Art und Weise, wie Menschen im Ausland zur fremden Sprache finden, wurde anfangs als ein hilfreicher Wegweiser für die Gestaltung der Wortschatzarbeit dargestellt. Inzwischen bestätigt auch die Forschung, dass diese Art des Erwerbs nicht abhängig ist von intellektuellen Fähigkeiten. Das liegt daran, dass etwas anderes maßgeblich seinen Erfolg bestimmt, nämlich die Vielfalt der Anstöße, die dabei die Gefühlskräfte des Aufnehmenden bekommen. Die Arbeit am Aufbau des Wortschatzes in der Schule ist also für gute wie für schwächere Schüler umso ertragreicher, je vielfältiger die Seelenkräfte sind, die dabei beansprucht werden.

6. Wie und warum lernen die Schüler Grammatik?

Fünf Erfahrungen mögen als Ausgangspunkt für die nachfolgenden Überlegungen dienen.

1. Viele Menschen haben aufgrund bestimmter Lebensumstände (längerer Aufenthalt im Ausland; ein zweisprachiges Elternhaus u.ä.) eine Fremdsprache erlernt, ohne jemals auf eine Regel aufmerksam gemacht worden zu sein, geschweige denn eine Regel auswendig gelernt zu haben.
2. Die Arbeit im Fremdsprachenunterricht macht sehr häufig deutlich, dass die Kenntnis von Regeln nicht die Fähigkeit der Schüler fördert, spontan, und zwar mit Hilfe einer bestimmten Regel, zu reagieren.
3. Bei der Aufforderung an Oberstufenschüler, Fehler in vorgegebenen Sätzen zu finden, sie zu korrigieren und aufzuzeigen, welche Regeln verletzt wurden, stellt sich ein interessantes Phänomen heraus: In der überwiegenden Mehrzahl der Fälle werden die Fehler gefunden und korrekt verbessert, eine Zuordnung zu einer Regel ist in den allermeisten Fällen jedoch entweder nicht möglich oder sogar falsch (!).

Erfahrungen mit grammatischen Regeln

4. Wenn Schüler eine Grammatikregel wiederholen, deren Erarbeitung schon einige Jahre zurückliegt, unterscheidet sich die Formulierung häufig erheblich von der, die damals im Unterricht im Grammatikheft festgehalten wurde.
5. Immer wieder erlebt man im Fremdsprachenunterricht, dass Schüler grammatische Gesetzmäßigkeiten korrekt anwenden, die im Unterricht noch nicht bewusst gemacht worden sind.

Diese fünf Erfahrungen lassen es berechtigt erscheinen, von Folgendem auszugehen: Der Spracherwerb hat mit dem Bewusstmachen des gesetzmäßigen Aufbaus einer Sprache wenig zu tun. Die Einsicht allein in eine Regel stützt nicht und beschleunigt nicht Fortschritte bei der korrekten, situationsgerechten aktuellen Kommunikation. Die Mehrzahl jener inneren Gesetze, die den Sprachgebrauch der Schüler steuern, sind ihnen nicht als explizit formulierte Grammatikregel bewusst, zum Teil von ihnen als solche nie gewusst worden. Es ist sehr wahrscheinlich, dass Schüler die didaktische Grammatik, also die Regeln, die vom Lehrer allein oder in Zusammenarbeit mit den Schülern geschrieben worden sind, individuell abwandeln, so dass sich neben der beabsichtigten didaktischen Grammatik eine «Lernergrammatik» bildet. Das Bewusstmachen jedes grammatischen Phänomens scheint nicht notwendig, denn viele Anwendungsregeln werden ohne den Umweg über das Sprachwissen von den Schülern aufgenommen.

Warum überhaupt Grammatikregeln lernen?

Wenn man diese Gegebenheiten annimmt, wird man zwangsläufig vor die Frage gestellt, warum überhaupt grammatische Regeln im Fremdsprachenunterricht behandelt werden. Ebenso berechtigt wäre die Frage, wie denn der tatsächliche Lernprozess (hier im Zusammenhang mit der Grammatik einer Sprache) durch Unterricht gestützt und gefördert werden kann. Denn dass ein Lernprozess stattfindet, ist offensichtlich, weil schon nach vergleichsweise kurzer Unterrichtszeit Schüler korrekte Sätze im Gespräch mit dem Lehrer sprechen können.

Es wurde weiter oben schon darauf hingewiesen, dass in den einzelnen Schulfächern nicht gelehrt wird, damit die Schüler einen bestimmten Stoff lernen. Die Absicht der Waldorfpädagogik ist, mit Hilfe des Stoffes die Entwicklung des Kindes und des Jugendlichen zu fördern. So ist es richtig und wichtig, nach dem neunten, zehnten Lebensjahr des Kindes sein erwachendes Ich-Gefühl zu stärken, indem man es zum wachen Selbstbewusstsein führt. Über Jahre hat das Kind im Fremdsprachenunterricht unbewusst und nachahmend Sprache und damit auch ihre Gesetzmäßigkeiten aufgenommen und angewendet. Jetzt soll es entdecken, dass es Gesetze gibt. Gäbe man dem Kind lediglich die fertigen Regeln, würde keine pädagogische Wirkung eintreten. Dem Kind bliebe eine so von außen an es herangetragene Regelhaftigkeit «äußerlich». Es könnte sie nicht erkennen, die Gesetzmäßigkeit würde nicht sein Eigenes, könnte nicht Teil seines Selbstbewusstseins werden. Gibt man dem Kind jedoch Gelegenheit, selbständig Regeln aufzuspüren, kommt es zu einer eigentätigen Aneignung. In der so gewonnenen Erkenntnis an der Sprache verobjektiviert sich dann selbstsicheres Umgehen mit der fremden Sprache und Urteilsvermögen. Darüber hinaus wird diese durch Eigentätigkeit verinnerlichte Erkenntnis – im Gegensatz zu voreiligen, von außen kommenden Definitionen – erhalten bleiben. Zugegebenermaßen ist dies ein Ideal, und es ist fraglich, ob es im Unterricht immer gelingt, zu einer solchen eigentätigen Aneignung zu gelangen. Durch diese Alltagserfahrung aus dem Unterricht muss sich aber gerade das Bemühen um einen derartigen künstlerischen Unterricht herausgefordert fühlen. Der Grammatikunterricht sollte Veranlassung zu einem Lernen geben, das von den Schülern ausgeht. Sie sollten auch im Fremdsprachenunterricht lernen, eigene Gedanken zu entwickeln, zu eigenen Problemlösungen zu kommen. Die Willenstätigkeit ins Denken zu überführen heißt Ich-Kräfte entwickeln und stärken. Rudolf Steiner spricht in diesem Zusammenhang darüber, dass das Kind nicht mehr oder weniger verzweifelt fragen soll: «‹Wie soll ich das sagen, wie soll ich das sagen?› – ohne dass es irgendeinen logischen Anhaltspunkt hat.»[15] Einen logischen Anhaltspunkt haben bedeutet, beim sprachlichen Handeln sein Tun verfolgen können, also seiner selbst bewusst handeln. Grammatik wird also im Fremdsprachenunterricht erarbeitet, «um das Aufwachen, das Bewusstwerden des Kindes zu fördern, dass es sich zum Bewusstsein bringt, was als Aufbau der Sprache unbewusst in ihm ist».[16]

Lernen, eigene Gedanken zu entwickeln

Es kommt zu dieser Aktivität in der gedanklichen Dimension noch etwas weiteres hinzu. Rudolf Steiner sieht in der Arbeit an der Grammatik auch ein Mittel, um die andere Sprache zu fühlen.[17] So lässt sich im Unterricht z.B. eine Empfindung für die jeweils unterschiedlichen Qualitäten des Verbs, des Adjektivs und des Substantivs hervorrufen; ich kann spüren, was diese Wortarten mit mir machen, wenn ich sie hörend oder lesend aufnehme. Zum Beispiel lässt mich das Verb mittun, ich folge innerlich einer Tätigkeit, einer Bewegung, auch wenn ich sie äußerlich unterdrücke. Das Adjektiv verbindet mit einem Gegenstand, ich bin bei ihm. Was für die Wortarten gilt (ihre Betrachtung ist für das Alter zwischen dem neunten und zwölften Lebensjahr vorgesehen), gilt auch für den Satzbau (vorgesehen für die Zeit nach dem zwölften Lebensjahr) und z.B. für die Verwendung der Zeitformen. Wie werde ich also innerlich bewegt durch die fixierte Reihenfolge von Subjekt, Verb und Objekt im englischen Satz? Was macht die Sprache mit mir, wenn sie mich sagen lässt: «I *will* see him next week», und nicht: «Ich *werde* ihn in der nächsten Woche sehen / treffen»? Auf der Oberstufe, wenn es an der Zeit ist, stilistische Grammatik zu erleben, wird man die Schüler (im Englischen) gefühlsmäßig an den Nominalstil heranführen. Mit dieser charakteristischen Bevorzugung des Substantivs geht der englische Sprecher auf Abstand, er abstrahiert, lässt sich nicht mitreißen vom Verb. Durch Vergleiche zwischen den Fremdsprachen und der Muttersprache kann man die unterschiedlichen Sprachgesetze nicht nur intellektuell zur Kenntnis nehmen, sondern sie auch empfinden. Da wäre z.B. die für die englische Sprache typische Orientierung auf den Angesprochenen, die das Pronomen «I» (ich) wegdrängt. Der Deutsche fragt: «Störe *ich*?», der Engländer viel eher: «Are *you* busy?» Jene Orientierung führt auch zu Formulierungen, die das Mitgefühl für den Angesprochenen auszudrücken vermögen: «I'm *afraid*, there aren't any petrol stations around here.» Da wäre auch die charakteristische Indirektheit als Ausdruck von Höflichkeit. Nicht: «Would you ask your students to ring me up?», sondern: «I *wonder whether you would be good enough* to ask your students ...?»

Grammatische Qualitäten empfinden lernen

Es mag deutlich geworden sein, dass für die Beschäftigung mit der Grammatik nicht der Gedanke leitend ist, die Schüler zur verbesserten praktischen Sprachbeherrschung zu führen. Vielmehr sind die Unterrichtsphasen, in denen eine gewisse Erkenntnisstufe erreicht wird, durch eine pädagogische Zielsetzung bestimmt: Die Grammatik hilft, das Ich des Heranwachsenden, sein Selbstbewusstsein zu stärken. Daneben sollten die Schüler eine Empfindung für bestimmte grammatische Phänomene bekommen. Auf der Oberstufe, wenn die Beschäftigung mit den grundlegenden grammatischen Gesetzen zum Abschluss gekommen ist, wendet sich die Arbeit der stilistischen Grammatik zu – das Nachdenken über Sprache, nicht nur über die eine, die gerade erlernt wird, nimmt zu. Der Qualitätsgrad, der bei dieser auf Erkenntnis und Empfinden-Können ausgerichteten Grammatikarbeit erreicht wird, ist von der Art und Weise abhängig, wie die Schüler zur Regel hingeführt werden. Damit ist die zweite, anfangs gestellte Frage angesprochen, wie der tatsächliche Lernprozess gestützt und gefördert werden kann. Wie kann man das *eigentätige* Aneignen von Grammatikregeln – die Voraussetzung für einen erfolgreichen Erkenntnisprozess – ermöglichen?

Grammatik hilft, das Ich zu stärken

Dass Menschen, wie erwähnt, ohne die Kenntnis ausdrücklich formulierter Regeln eine zweite Sprache erwerben können, hängt maßgeblich damit zusammen, dass sie in ihrer Umgebung sehr häufig den «Gebrauchswert», d.h. die Anwendungsmöglichkeiten und Wirkungsweisen, einer ihnen bis dahin unbekannten grammatischen Struktur erfahren haben. Beteiligt sind dabei Denken, Fühlen, intuitives Verstehen, ausgelöst durch eine Situation, in der Menschen agieren. Diese setzen Mimik, Gestik ein; sie handeln in einer Situation, die bestimmte Determinanten besitzt, für welche die verwendete Struktur passend ist. Nach wiederholtem Wahrnehmen solcher Anwendungssituationen benutzt der

Wie werden grammatische Strukturen angeeignet?

Lernende allmählich selber diese Struktur. Erneut liegt dann eine Situation vor, und jetzt handelt der Lernende selber. Präziser ausgedrückt, er aktiviert die neue Struktur bei gleichzeitiger Beteiligung seines gesamten Körpers. Viele solcher vorher beobachteten wie auch selbst gemachten Spracherfahrungen führten schließlich zu einer sprachlichen Gewohnheit, unter Umständen auch zu einer Kenntnis. Dieser knapp beschriebene Prozess ist nun nicht umkehrbar, auch ist er nicht zu verkürzen.

Durch die Vermittlung von Grammatikkenntnissen im Fremdsprachenunterricht sind solche vorausgehenden Erfahrungen nicht zu kompensieren. Eine ganze Anzahl von Spracherfahrungen ist also notwendig, damit die Schüler einerseits Sicherheit im Umgang mit einer grammatischen Struktur erreichen und andererseits ein eigenständiger Erkenntnisprozess bei ihnen einsetzen kann. Wie beim natürlichen Fremdsprachenerwerb sollte aus der sprechenden Tätigkeit heraus der Erkenntnisprozess gefördert werden, sollte aber auch die Struktur, die es zu erkennen gilt, bereits vertraut sein. Das Wissen, die Erkenntnis muss aus dem Können heraus entwickelt werden. Das, was gesprochen wird, sollte also vorher schon gehört und zumindest imitiert worden sein. Konkret heißt das, dass den Schülern als Erstes eine Situation dargeboten wird. Sie mag klein sein, ist aber so angelegt, dass die Schüler die Anwendungsmöglichkeiten eines bestimmten sprachlichen Mittels zumindest annäherungsweise in der Form erfahren, wie sie sie in einer echten Lebenssituation wahrnehmen würden. Der Lehrer greift zurück auf eine bekannte Geschichte, ein Spiel vielleicht, einen kurzen Dialog – die Auswahl ist nach so vielen Jahren des Sprechens riesig –, in dem jenes grammatische Mittel bereits vorkam. Möglicherweise wählt er auch vertraute Wörter aus und stellt sie in einen neuen Zusammenhang, der für das ausgewählte grammatische Phänomen geeignet ist.

Aus der Tätigkeit heraus die Erkenntnis fördern

Ein Beispiel: Ein Sechstklässler erhält vor Beginn der Stunde vom Lehrer einen Zettel, auf dem er liest, dass er gleich, wenn der Lehrer etwas an die Tafel schreibt, aufstehen soll und nach vorn gehen darf, um die Tasche des Lehrers zu öffnen, eine Tafel Kit-Kat herauszunehmen, sie auszupacken und zu essen, während er zu seinem Platz zurückgeht. Dann, fünf Minuten nach Stundenbeginn, ist es so weit. Zur großen Verwunderung der Mitschüler tut ein Schüler, was er mit dem Lehrer vereinbart hat, und zur noch größeren Verwunderung aller beißt er in die Tafel Schokolade. Der Lehrer tut, als habe er bis zu diesem Moment noch nichts gesehen, dann aber ruft er empört: «What on earth did Jakob do?» Die Spannung ist groß – was wird jetzt geschehen? «Jakob ate your Kit-Kat», sagt ein mutiger Schüler. Der Lehrer: «But what had he done before he ate it?» Keine Antwort. Jetzt muss der Lehrer helfen: «I guess, before he ate my Kit-Kat he had opened my bag. What had he done?» Ein Schüler wird aufgefordert zu wiederholen. Dann geht es weiter. Lehrer: «And what had he done before he opened my bag?» Keine Antwort. Lehrer: «Well, before he opened my bag, he had walked to my desk. What had he done?» Wiederholung usw. Nun wird Jakob um Auskunft gebeten. Die Frage ist jeweils: «What had you done before ...?» Danach bricht der Lehrer ab. Nicht mehr als sechs Minuten sind vergangen. In der nächsten Englischstunde geht es weiter. Erneut wird ein Schüler per Zettel gebeten, eine mehrteilige Handlung auszuführen. Als Impuls schreibt der Lehrer nur «before» an die Tafel. Erste Versuche, die Handlung zu beschreiben, scheitern, weil den Schülern nur das «simple past» (einfache Vergangenheit) einfällt. Der Lehrer hilft ein wenig nach, dann kommen die ersten richtigen Sätze, und zum Abschluss berichtet der handelnde Schüler noch einmal. In der dritten Stunde «passiert» dem Lehrer vielleicht etwas Lustiges. Gerade will man übergehen zur Arbeit an der Lektüre; der Lehrer öffnet seine Tasche, aber statt seines Lektüreheftes zieht er versehentlich ein Asterix-Heft heraus, öffnet es geistesabwesend, lässt einen kleinen Überraschungsschrei heraus, rennt zu seiner Tasche, steckt das falsche Buch hinein und greift dann endlich zum richtigen Buch. Während die Schüler sich noch

Ein Unterrichtsbeispiel

amüsieren, erscheint ein Wort an der Tafel: «before». Seufzen auf Seiten der Klasse, aber dann geht es doch freudig los: «Before you ... you had ...» Ganz allmählich schleicht sich der Kontrast zwischen dem «simple past» und dem «past perfect», jenen zwei Zeitformen, die der englische Sprecher so präzise voneinander trennt, in die Köpfe der Kinder. Das Prinzip wurde vermutlich deutlich: Einer situationshaltigen Darbietungsphase folgt eine Phase der Imitation, und auf diese folgen Übungen, in denen auf andere Situationen transferiert werden kann. Schließlich werden die Schüler gefragt, ob sie eine Regelmäßigkeit erkennen können.

Sehr viele grammatische Phänomene, zumindest gilt das für die englische Sprache, können im Klassenzimmer situativ, sinnlich erfahrbar eingeführt werden. Je aktiver dabei die Schüler werden, sie ihr Sprechen mit der Motorik des gesamten Körpers verbinden, umso besser. Wenn die Aktivität dann auch noch lustig ist, kann fast nichts mehr schief gehen.

Regeln formulieren, Beispielsätze finden

Wie aber geht es weiter? Ist nach einer ganzen Anzahl von Unterrichtsstunden der Erkenntnisprozess ans Ziel gelangt, wird eine Regel benötigt, die im Grammatikheft der Schüler festgehalten werden soll. Will man eine formalgrammatisch korrekt formulierte Regel? Will man eine in der Fremdsprache verfasste Regel? Sicherlich beides nicht. Will man eine vereinfachte, nur die häufigste Verwendung dieser grammatischen Struktur berücksichtigende Regel? Schon eher. Will man eine schlichte Gebrauchsanweisung? Ja. Manchmal hat der Lehrer Glück und braucht sich erst gar nicht um eine passende Formulierung zu bemühen, weil ein Schüler ihm eine Beschreibung liefert, die das Wesentliche in einer Sprache, die alle Mitschüler leicht verstehen, ausdrückt und das betreffende grammatische Phänomen nicht verfälscht. Manchmal hilft schon eine Satzeröffnung des Lehrers, um den Zug ins Rollen zu bringen. Ist dies geschehen, kann der Eintrag, der sicherheitshalber an der Tafel deutlich lesbar erscheint, erfolgen. Verzichtet wird dabei aber auf die in gedruckten Grammatiken sonst üblichen Beispielsätze. Denn die sollen die Schüler, nachdem sie die Regel auswendig gelernt und in der nächsten Stunde vorgetragen haben, selber finden. Indem sie dies tun, verbinden sie seelisch fortwährend die Abstraktion (Regel) mit der Wirklichkeit (Beispiele). Dies bedeutet ein sehr hohes Maß an Aktivität, und sie können ihr eigenes, aber auch das Tun ihrer Mitschüler logisch nachvollziehen – sie handeln ihrer selbst bewusst. «Es ist ein Riesenunterschied», sagt Rudolf Steiner, «ob Sie einfach das Kind um eine Grammatikregel fragen und es veranlassen, dass es seine Beispiele aus dem Heft, wohinein Sie ihm das Beispiel diktiert haben, nachspricht, oder ob Sie das Beispiel, das Sie gegeben haben, ganz für das Vergessen hergerichtet haben und nun das Kind veranlassen, selbst ein Beispiel zu finden. Diese Tätigkeit, die das Kind verrichtet, indem es selbst Beispiele erfindet, ist etwas ungemein Erzieherisches.»[18]

Mit dem Nennen der Beispiele ist bereits der nächste Schritt in der Erarbeitung der Grammatikregel getan. Jetzt geht es darum, die erkannte Gesetzmäßigkeit in sorgfältig geplanten Übungen anzuwenden. Verdichtet tritt also das jeweilige grammatische Mittel vor die Schüler. Die eben erwähnten Beispielsätze zeigen aber nicht nur den Beginn einer nächsten Phase an, sie verweisen auch auf die Art der nun durchzuführenden Übungen.

Wie sehen grammatische Übungen aus?

Bei den Beispielsätzen dürfen die Schüler frei formulieren, damit sie einen Gestaltungsfreiraum haben. Lückentexte hingegen, in denen vorgegebene Wörter in die korrekte Zeitform gebracht werden müssen, Multiple-Choice-Aufgaben oder schematisch zu vollziehende Umformungsübungen (Aktiv in Passiv, direkte Rede in indirekte Rede u.ä.) bieten solche Gestaltungsfreiräume nicht. Sie engen den Schüler in seinem Umgang mit der fremden Sprache unnötig ein, weil sie seine Ausdrucksmöglichkeiten auf nur eine Möglichkeit einschränken. Die lebendige Sprache erhält zudem eine ihr völlig fremde Mechanik. Solche ausschließlich formbezogenen Übungen rufen dann auch schnell Unmut und Unlust bei den

Schülern hervor und haben schon deshalb im Unterricht wenig zu suchen. Sie haben aller Erfahrung nach auch weder hinsichtlich des Lerneffekts noch hinsichtlich ihrer motivierenden Wirkung eine Chance gegenüber individuell ausgerichteten und die Phantasie der Schüler herausfordernden Übungen. Es macht einem Mittelstufenschüler mehr Freude, in einem kleinen Aufsatz zu erzählen, was jeden Tag wer mit ihm machte, als er noch ein Baby war («I was carried through the house by my brother, I was fed by my mother» etc.), um dadurch das Passiv zu praktizieren. Auch findet es ein Neuntklässler meiner Erfahrung nach interessanter, die modalen Hilfsverben an einem selbst erfundenen Rätsel zu praktizieren: «You *mustn't* eat it. You *should* put it into your mouth every day. You *shouldn't* forget it when you go on holiday. You *needn't* use it more than three times a day. You *can* find it in every bathroom. You *might* regret one day that you didn't use it regularly when you were still on the right side of 50.» Sie haben die Lösung? Ja, die Zahnbürste.

Auch wenn die Erarbeitung einer grammatischen Regel so sorgfältig wie geschildert geschieht, wäre es erstaunlich, wenn in den gerade beschriebenen Übungen keine Fehler mehr auftreten würden. Vielleicht mag die situativ gestaltete Hinführung, also der erste Schritt, noch für die spontane Anwendung des ausgewählten grammatischen Phänomens hilfreich gewesen sein. Das selbständige Aufspüren der Regel, das sich dann einstellende Wissen bzw. die Erkenntnis haben, wie schon ganz am Anfang erwähnt wurde, so gut wie keinen Einfluss auf den wirklichen Erwerb der betreffenden grammatischen Struktur. Die sich ständig ergebenden Erfahrungen, die sich beim natürlichen Zweitsprachenerwerb von selbst einstellen, müssen also eine Ersatzform im Unterricht erhalten. Dies kann nur, wie beschrieben, die Ersatzform «Übung» sein. Allerdings würde es im Grammatikunterricht (wie das auch für den Aufbau des Wortschatzes beschrieben wurde) den Erwerbsprozess erheblich stören, käme nun nach den ersten Übungen Ungeduld beim Lehrer auf. Um Sicherheit in der Anwendung grammatischer Strukturen zu erlangen, kann man nicht die Grammatik segmentieren, dann in

Portionen darbieten und nach dem Erkennen der Regel fehlerlose Übungen oder sogar Tests erwarten, um dann zufrieden dieses Segment abzuhaken. Der Erwerbsprozess dauert viel länger; was nicht heißen soll, dass bis zum Überdruss kontinuierlich ein grammatisches Mittel geübt werden soll, bis es «sitzt». Es bedarf vor allem der Pausen und der regelmäßigen Wiederholung. In den Pausen ruht der Erwerbsprozess nämlich nicht. Im Gegenteil, es «rumort», besser gesagt, das Regelwissen wird im Innern umstrukturiert. Das neue grammatische Phänomen wird in den Zusammenhang bereits bekannter Formen eingeordnet und reaktiviert diese. Die bekannten Formen erhalten eine Art Hormonspritze, denn das Hinzulernen neuer Formen schafft Kontraste für die schon erarbeiteten. Das heißt, erst wenn der Lernende z.B. die wichtigsten Zeitformen vermittelt bekommen hat, wird ihm die Leistungsfähigkeit, man könnte auch sagen die Funktionalität, einer einzelnen Zeitform deutlich. Dieser Vorgang, der weiter oben auch mit «Einpendeln» beschrieben wurde, gilt für alle grammatischen Phänomene. Der Kunstgriff des Lehrers besteht also einerseits darin, eine gerade erarbeitete Struktur nach einer intensiven Beschäftigungsphase erst einmal ruhen zu lassen, auch wenn sich der Schüler bei ihrer Anwendung noch unsicher ist (ein Vorgehen, das Mut erfordert). Andererseits besteht der Kunstgriff in der (idealerweise) über Jahre, mindestens aber für ein Jahr geplanten regelmäßigen Wiederholung der erarbeiteten Struktur. Rudolf Steiner gibt dieser Art der Wiederholung noch ein Adjektiv; er nennt sie «progressive Wiederholung».[19] In der Ruhephase ist es zu keinem Stillstand, geschweige denn zu einem Vergessen gekommen, vielmehr ist die Pause vergleichbar mit einer Inkubationszeit. Die Wiederholung, drei Monate, dann vielleicht neun Monate, dann unter Umständen zwölf Monate nach der Erstbegegnung, setzt jeweils nicht auf demselben Plateau, sondern auf einem jeweils höheren Plateau

Wie eignet man sich grammatische Phänomene langfristig an?

Progressive Wiederholung

an; der Umgang mit der betreffenden Struktur wird zunehmend sicherer. Gelingt diese progressive Wiederholung, wie sie gedacht ist, dürfte der Schüler nie in die immer angstbesetzte Notlage geraten sein, einem ungeduldigen Lehrer gegenüberzustehen, der nun endlich die korrekt angewendete Regel von ihm erwartet.

Um den aufgezeigten Weg zum Abschluss zu bringen, sei gesagt, dass die Arbeit an einer grammatischen Struktur nach der erwähnten Übungsphase, die dem Eintrag der Regel folgte, nun wieder zum unbewussten Umgang mit der Sprache zurückführt. Die erarbeitete Struktur steht nicht mehr verdichtet im Vordergrund, der Schüler kehrt zurück zur Sprache in ihrer Ganzheit.

Es wurde ebenfalls bereits festgestellt, dass viele Schüler beim Sprechen Gesetzmäßigkeiten anwenden, die nie in der beschriebenen Weise erarbeitet worden sind. Dieses Phänomen erklärt sich ähnlich wie die Verwendung von Wörtern, die der Lehrer nie bewusst eingeführt hat. Die in der Waldorfschule so sehr betonten Prinzipien der Einsprachigkeit im Fremdsprachenunterricht und des Hineinlebens in die fremde Sprache durch unentwegtes Sprechen führen zu ständigen aktiven und passiven Begegnungen, zu Erfahrungen, auf die immer wieder zurückgegriffen werden kann. Das setzt trotz der künstlichen Situation des Klassenzimmers Prozesse in Gang, wie sie auch beim natürlichen Zweitsprachenerwerb eintreten. Während solcher Prozesse wird Sprache unbewusst erworben. Auf dieses Phänomen dürfen Schüler wie Lehrer bauen. Der Lehrer kann mit diesem Phänomen aber auch aktiv umgehen. Dies ist z.B. möglich durch rhythmisches Einüben der unregelmäßigen Verben,[20] durch regelmäßig wiederholtes chorisches Sprechen der «question tags» (... isn't it?, ... doesn't he? etc.) oder durch die ausschließlich situative und unreflektierte Einübung der häufigsten Präpositionen.

Unbewusster Spracherwerb

Der Weg, der bei der Arbeit an grammatischen Gesetzmäßigkeiten beschritten wird, geht also von der lebendigen Sprache in ihrer ganzen Fülle aus. Dann wird ein einzelnes Phänomen herausgelöst und tritt für die Schüler in einer Häufung in situativen Darbietungen auf. Gleichzeitig löst sich der Schüler von der Ganzheit der Sprache. Imitationen und Übungen, in denen möglichst Kopf, Herz und Hand, aber auch Humor nicht zu kurz kommen, erleichtern dem Schüler das intuitive Verstehen, erste Einsichten, aber auch ein Empfinden der Wortarten oder bestimmter Satzstrukturen. Hierauf folgt das möglichst selbständige Entdecken von Regeln, die der Erkenntnisprozess ermöglicht hat. Danach geht der Weg zurück. Es folgen Übungen, in denen das nun vertraute grammatische Phänomen noch immer ausgesondert erscheint. Zum Schluss wird wieder in den Gesamtraum der Sprache entlassen.[21]

Der Weg bei der grammatischen Arbeit

Erweitert man den Blickwinkel auf die gesamten zwölf Jahre des Fremdsprachenunterrichts, so entdeckt man denselben Bogen. In der Unterstufe schöpft der Unterricht aus der gesamten Fülle der Sprache, ohne sich von ihr denkend zu lösen. In der Mittelstufe wird abstrahiert, bewusst gemacht, der Erkenntnisprozess gefördert. In der Oberstufe führt der Unterricht über den Weg vereinzelter grammatischer Übungen und Betrachtungen der Stilistik zurück zur freien Sprechtätigkeit, zur Fülle der Sprache.

7. Von der Lektüre zum literarischen Text

Die aktive und korrekte Verwendung fremdsprachiger Wörter, kleiner Satzeinheiten und grammatischer Strukturen hat, wie wir gesehen haben, zur Voraussetzung, dass dem Lernenden sehr viel Sprache angeboten wird. Er muss schwimmen können in der fremden Sprache; und wenn man bedenkt, wie viel Wasser nötig ist, damit ein Mensch schwimmen kann, dann hat man in etwa die zutreffende Menge an Vokabeln und Strukturen, die einem Lernenden begegnet sein muss, damit er zum eigenen sicheren Sprechen winziger Einheiten der fremden Sprache kommen kann. Lektüren auf der Mittelstufe und literarische Texte auf der Oberstufe bringen in diesem Sinne viel Sprache und mehr fremdsprachige Welt ins Klassenzimmer. Dass es dabei ganz entscheidend auf die Qualität der Texte ankommt, wird offenkundig, wenn man weiß: Es ist die Vielfalt an Verben, Adjektiven, Adverbien usw. und nicht das ständige Auftauchen derselben Wörter im Text, die die sichere Verwendung weniger Wörter ermöglicht. Dies ist ein Grund, warum vom ersten Lektüreheftchen in der 4. oder 5. Klasse an das Künstlerische des Textes ein ganz wichtiges Auswahlkriterium ist.

Lektüren bieten eine große Sprachfülle an

Abgesehen von diesem Dienst am praktischen Spracherwerb bieten Lektüren und literarische Texte wohl den besten Zugang zur fremden Kultur. Ebenso wie die Lieder und Gedichte, die in der Unterstufe gesungen und rezitiert wurden, führen sie direkt hinein in das Empfinden, Wahrnehmen und Verstehen der Welt, wie es eben einem anderen Volk eigen ist. Das Staunen über das Werk eines Gabriel Garcia Marquez ist ja nicht darin begründet, dass er mit stilistischen Mitteln besser umzugehen weiß als z.B. Günther Grass,

Ein Zugang zur fremden Kultur

sondern weil sich u.a. seine durch die kolumbianische Kulturgeschichte so nachdrücklich bestimmte Fabulierkunst so gewaltig von der eines deutschsprachigen Romanciers unterscheidet.

Nahrung für die geistig-seelische Entwicklung

Ein dritter Grund, Lektüren so viel Raum im Fremdsprachenunterricht zu schenken, liegt in ihrer kaum zu überschätzenden Möglichkeit, Heranwachsenden Nahrung zu geben für ihre geistig-seelische Entwicklung. Das Schicksal anderer Menschen zu teilen, und sei es nur für Minuten, d.h. aus deren Sicht und Empfinden die Welt zu betrachten, aus deren Lebenssituationen Entscheidungen mitzuvollziehen, sich über sie zu ärgern, sich von ihnen abgestoßen zu fühlen, sie als vorbildhaft anzunehmen, sich mit ihnen zu ängstigen, all das schleift, formt, bildet, korrigiert, befreit das eigene selbstbezogene, kleinmütige, begrenzte Empfinden und Denken. Ist der Heranwachsende ergriffen, dann kann das Lesen einer Volkssage in der 5. Klasse dieselbe wirkende Kraft hinterlassen wie ein zeitgenössisches Meisterwerk in der 12. Klasse; sie können beide Menschheitsgedächtnis, sinnliche Intelligenz, Anleitung zum Handeln und Widerstehen und Wege zur Selbsterkenntnis bieten.

Lektüren bieten sinnvollen Gesprächsstoff

Ein vierter Grund für die Verwendung von Lektüren und literarischen Texten ist wiederum ein sehr pragmatischer. Der oxymoronartige Charakter der künstlerischen Texte, also das Zusammenfügen von verschiedenen oder gar sich ausschließenden Aspekten, das berühmte Viele in Einem, liefert eine Vielzahl von Gesprächsanlässen. Eigentlich besitzt der Fremdsprachenlehrer kein besseres Hilfsmittel als eine für seine Klasse geeignete Geschichte. Keine vom Lehrer ins Klassenzimmer transportierte Alltagssituation, kein Sachtext auf der Oberstufe, kein Lernspiel gibt dem Lehrer und den Schülern so viel sinnvollen Stoff für das Wichtigste im Fremdsprachenunterricht, nämlich für die Gesprächsführung zwischen Lehrer und Schüler. Dabei ist hier «Gespräch» sehr eng gefasst: nämlich das echte Gespräch zwischen Personen, in dem dem Fragenden die Antworten nicht schon im Voraus bekannt sind (wie das bei den sogenannten didaktischen Fragen der Fall ist), in dem der Lehrer nur sehr selten sprachbezogen reagiert (die Sprache der Schüler korrigierend), sondern – wie in einer echten Konversation – dem Inhalt seine Aufmerksamkeit schenkt. Dass sich dies über die Jahre entwickeln muss, ist selbstverständlich; zu glauben, dies ließe sich erst auf der Oberstufe erreichen, ist jedoch ein Irrtum (der zudem noch erhebliche Einbußen beim Spracherwerb der Schüler hat).

Vor zwei, erst recht vor drei Jahrzehnten hätte man den fünften Grund, literarische Texte als Kernstück des Fremdsprachenunterrichts aufzufassen, in der Regelschule vermutlich nicht ernst genommen. Alle Sprachfächer aber sehen sich gegen Ende des Jahrtausends der Notwendigkeit gegenüber, unter den Heranwachsenden Lesefreude zu wecken. Lesen ist inzwischen zu einer von vielen Heranwachsenden als sehr mühsam angesehenen Kulturtechnik geworden. Einzelne Zeilen mit den Augen abzulaufen, Buchstaben zu Wörtern zu vereinigen, Wörter in Sätze aufgehoben zu finden und dann auch noch – wie im literarischen Text – nicht durchgängig wortwörtlich zu verstehen, sondern in einem übertragenen Sinn, ist objektiv weitaus mühevoller als die Aufnahme von Bildern, Graphiken, Texteinheiten, die nicht viel mehr Aufmerksamkeit abverlangen als ein Werbespot. Lesefreude auf Seiten der Heranwachsenden zu wecken, zu erreichen, dass man auch nach dem Schulabschluss zu mutter- und fremdsprachiger Literatur greift, ist eine große methodische Herausforderung geworden.

Lesefreude wecken

Sollen die genannten Gründe zum Tragen kommen, dann muss ein Funke überspringen von der Geschichte zum jungen Menschen. Vor dem Verstehen einer Legende, eines Kunstmärchens, einer Autobiographie oder einer short story und vor dem Sich-Äußern zu solchen Texten stehen als Bedingung die Freude, die gespannte Erwartung, das Interesse. Diese inneren Haltungen machen den

Lernenden nicht nur für die Bilder und Vorgänge der Geschichten empfänglich, sondern sind ungeachtet des vorhandenen Sprachschatzes enorme Hilfen beim Verstehen. Was ich liebe – und man könnte erweitern: was ich hören und verstehen möchte –, das lerne ich leichter. Das packende Erzählen der ersten Seiten der ausgewählten Geschichte, begleitet von Gestik, Mimik, Stimmveränderung, Pausen, vielleicht bis zu einem ersten Höhepunkt der Handlung, ist z.B. ein Mittel, den Lernenden vom Verstehen einzelner Wörter hinwegzuführen und ihn zum Hören von Sinneinheiten zu geleiten, wo Einzelwörter sich auflösen und das Verstehen von unmittelbaren Empfindungen, Gefühlen, Stimmungen getragen wird und nicht von bewussten, parallel ablaufenden Übersetzungsversuchen. Hat man es erlebt, dass die Kinder die Not, die Freude, die Angst des Helden der Geschichte buchstäblich miterlebt haben – wie einem ihre Augen, ihre Mimik, ihr Atmen zeigen –, dann braucht und darf man anschließend nicht mehr um die Übersetzung von Einzelwörtern bitten. Es ist begreiflich, dass Eltern sich fragen, ob ihr Kind den Text überhaupt verstanden hat; doch wenn sie die Probe aufs Exempel machen und es auffordern, einzelne Wörter zu übersetzen, wird das bei Mittelstufenschülern zu Ergebnissen führen, die die Eltern enttäuschen, denn dem Kind fehlt in einem solchen Augenblick die durch die Darbietung des Lehrers geschaffene Verstehensgrundlage.

Das Interesse an der Lektüre

Neugierde, gespannte Erwartung, also innere Beteiligung, können auch dadurch entstehen, dass man Siebtklässlern den Titel der zu lesenden Geschichte gibt und sie anregt, einen Faden zu spinnen, d.h. eine Handlung zu erfinden, die diesen Titel tragen könnte. Das darf, wenn nötig, unter Zuhilfenahme der Muttersprache geschehen, denn es dient ja nur als Ouvertüre zu einer möglichst freudigen Beschäftigung und zur gelingenden sprachlichen Bewältigung des Textes. Jetzt herauszufinden, was denn der Autor, der «Könner», mit dem Titel macht, ist für viele Schüler der Mittelstufe ein Schritt, der Neugierde entfacht.

Zugegebenermaßen ist es eine Kunst, der man als Lehrer nicht immer gewachsen ist, das Interesse auch im weiteren Verlauf der Lektüre aufrecht zu erhalten. Da die innere Anteilnahme aber die große Hilfe für den Lernenden beim Verstehen und beim Sprechen (in der Fremdsprache) über die Geschichte ist, muss hier alle methodische Phantasie angewendet werden. Aber sich bewusst zu sein, wodurch Langeweile – der übelste Zustand beim Lernen – entstehen kann, ist bereits hilfreich. «Für die gesamte Wesenheit des Menschen (gibt es) kaum etwas Schlimmeres, als wenn man seelisch, mit seinem Herzen dem fernsteht, was der Kopf treiben muss»,[22] sagt Rudolf Steiner zu diesem Zustand. Er begründet diese Feststellung mit der großen Schwächung, die die Langeweile am Lebensleib des Menschen bewirkt. Ist Langeweile pädagogisch unheilsam, so ist sie auch beim Erwerb einer fremden Sprache äußerst hinderlich; sie macht den Schüler stumm und lenkt seine Anstrengungen auf anderes – häufig Störendes.

Die innere Anteilnahme aufrechterhalten

Lektüren im Fremdsprachenunterricht der Mittelstufe dienen, neben der aufklärenden, weltvermittelnden Kraft ihrer Inhalte, dem Spracherwerb. Sie veranlassen zum Lernen bei guten und schwachen Schülern, sie lenken Lernprozesse, die aber vom Schüler ausgehen. Die ausgewählten Geschichten, so könnte man formulieren, tragen, pflegen und befruchten die Kräfte des Lernens. Damit die Lektüre diese Wirkung entfalten kann, wird der Unterricht so gestaltet, dass in das Tun des Schülers Individualität, Originalität, Interesse und Freude hineingelangen. Das erleichtert allen, den lernfähigen wie den weniger lernfähigen Jugendlichen die Bewältigung der Lektüren und den Zugewinn an Sprachbeherrschung. Wie kann man dem methodisch entsprechen?

Das Erzählen, Schreiben, Lesen und Genießen von Geschichten ist eine dem Menschen eigene Fähigkeit, die sich von den Mythen primitiver Kulturen bis zu den Kurzgeschichten und Romanen der Gegenwartsgesellschaft, von den Gleichnissen der Bibel bis zu den Kiosk-Heftchen auf jeder Entwicklungsstufe der Menschheit demonstrieren lässt. «Was geschieht und wie wird es weitergehen?» Diese Frage trägt den Lese- bzw. Hörprozess. Ihn durch langes Verharren an einer Stelle, durch wiederholendes Lesen und ständig zurückblickende Fragen zu unterbrechen, aufzuhalten widerspricht dem Wesen von Geschichten. In diesem Sinne ist es im Hinblick auf die Lesefreude der Schüler ratsam, Lektüren auf der Mittelstufe zügig zu lesen. Der Lehrer gibt sich mit einem Verständnis des Haupthandlungsstranges bei den Jugendlichen zufrieden und pflegt kein Übermaß an Leseübungen, die den Leseprozess zum längeren Stillstand bringen und Langeweile aufkommen lassen. Sicherlich wird es jede Geschichte verlangen, an handlungsentscheidenden Passagen innezuhalten, doch muss dann dem drohenden Desinteresse durch die Kunst des Fragens Einhalt geboten werden. Wenn durch vorheriges gebärdenreiches Erzählen, Einstimmen eine Vorentlastung stattgefunden hat und ein elementares Textverständnis gesichert ist, bedarf es keiner didaktischen Fragen mehr. Gesprächsbereitschaft wird vielmehr durch echte Fragen (in der fremden Sprache selbstverständlich) geweckt: «Was ist dir bei dem, was X tut, unverständlich geblieben?»; «Was findest du an dem, was X getan hat, richtig oder falsch?»; «Was hättest du getan?»; «Was würdest du nun tun?»; «Warum tut X das?»; «Warum handelt X nicht anders?»; «Wie sieht für dich das Haus, in dem X lebt, aus?»; «Was siehst du, wenn du von außen in das Zimmer von X schaust?» Des weiteren könnte hier und dort das Lesen auf die wiedergegebenen Dialoge beschränkt und in Rollen vor sich gehen. Wobei dann versucht wird, situationsgemäß zu lesen: «Wie spricht X jetzt wohl, wie laut, wie leise, flüstert X vielleicht?»; «Spricht X vorwurfsvoll, aufmunternd, freundlich, verärgert?» Auch könnten Schüler und Lehrer Behauptungen über den Inhalt der Geschichte aufstellen und fragen, ob das Behauptete richtig oder falsch ist und wer es gegebenenfalls korrekt sagen kann. Oder: «Wer schafft es, die gera-

Den Leseprozess nicht aufhalten

Echte Fragen stellen

de von uns gelesenen zehn Zeilen bei geschlossenem Buch nachzuerzählen?»; «Wer kann sogar nacherzählen und dabei nicht den Erzähler, sondern die Figur Y in der Ich-Form sprechen lassen?»; «Wer kann uns eine Frage zum Inhalt stellen?» Vielleicht ist es für das Gespräch unter den Schülern auch hilfreich, für kurze Zeit die übliche Sitzordnung zu verändern, etwa im Kreis zu sitzen, wo jeder jedem beim Sprechen ins Gesicht schauen kann.

Die selbstverständlich nicht völlig zu übergehenden Leseübungen verlieren an Monotonie, wenn, z.B. in einer 5. Klasse, nur jedes dritte Wort zu lesen ist; wenn es bei einem Signal des Lehrers, unter Umständen inmitten eines Satzes, zu einem Wechsel der Leser kommt; wenn die Schüler winzige, absichtlich gemachte Aussprachefehler oder inhaltliche Veränderungen ihrer Klassenkameraden herausfinden sollen; wenn ein Schüler gebeten wird, für die nächste Stunde zwei bis drei Seiten der Lektüre auf mehrere Schüler zu verteilen, wobei nur er weiß, wer liest und in welcher Reihenfolge. Erfahrungsgemäß ist die Bereitschaft mitzulesen größer, wenn nicht der Lehrer einen noch nicht gelesenen Abschnitt vorliest, sondern ein Schüler, der bereits schon flüssig liest, und ebenso, wenn nicht ausschließlich der Lehrer, sondern hin und wieder auch die übrigen Schüler auf Lesefehler zu achten haben und sie korrigieren dürfen. Dem Verdruss beim Verweilen an einer wichtigen Textstelle kann schließlich auch dadurch begegnet werden, dass die vielleicht schon drei- bis viermal gelesenen Aussagen einer Figur in einem vom Lehrer simulierten Rundfunk-Interview zur Sprache kommen. Die neue Situation und das improvisierte Mikrophon vor der Nase lassen die allermeisten Schüler die betreffenden Sätze freudig noch ein fünftes Mal sprechen.

Variationen beim Lesen der Lektüre

Freude am Lesen der Lektüre und an ihrer Erörterung kann ebenfalls erhalten bleiben, wenn man als Schüler gebeten wird, die Geschichte mit zwei oder drei Bildern zu illustrieren; einen passenden Buchumschlag zu gestalten; in der Stadtbibliothek Informationen über den Autor zu sammeln; über ein oder zwei Wochen ein fiktives Tagebuch der Hauptfigur zu schreiben; einem Brieffreund in der fremden Sprache über die Lektüre zu berichten; einen Abschnitt der Lektüre zu einem Dialog umzuschreiben und diesen selbständig einzuüben; oder z.B. in einer 8. Klasse in häuslicher Beschäftigung mit einigen Mitschülern aus einem Kapitel der Lektüre ein Hörspiel herzustellen. Bei allem ist Phantasie, Initiative und eigenes Suchen gefordert. Die Behandlung einer Lektüre kann so zur Selbständigkeit erziehen.

Redemittel zur besseren Verständigung

Es sei noch einmal daran erinnert, dass alle genannten methodischen Maßnahmen das Sprechen und den Erwerb der fremden Sprache beinhalten. Es eröffnen sich also auch viele sprachpraktisch orientierte Lernschritte. Damit sich die Schüler über das Gelesene verständigen können, schreibt ihnen der Lehrer in der fremden Sprache Redemittel an die Tafel, die sie einsetzen können, zum Beispiel: «auf der Seite X»; «oben auf / in der Mitte / unten auf der Seite X»; «in der ersten / zweiten ... Zeile»; «Wie spricht man dieses Wort aus?»; «Was bedeutet dieses Wort?»; «Könnten Sie das noch einmal sagen?» oder Satzeröffnungen wie: «Ich glaube / glaube nicht, dass ...»; «Ich weiß nicht, warum / wer / was ...»; «Was heißt X auf Englisch?» und weitere Redemittel. Selbst die Festigung von Strukturen lassen sich – in aller Kürze selbstverständlich – gut in das Gespräch über die Geschichte einbauen. Beispielsweise stellt der Lehrer nach der Erarbeitung eines Abschnitts in rascher Folge Verständnisfragen folgender Art: «Did Captain Cook like the food?»; «Does Mr Popper want to fix an extra handle on the fridge?»; «Is Mrs Popper going to feed the penguin?»; «Was it the postman who rang?» In ihren Antworten praktizieren die Schüler dann (unbewusst) die so wichtigen sogenannten «tags». Hier also: «No, he didn't.»; «Yes, he does.»; «No, she isn't.»; «No, it wasn't.» Die Frage nach dem, was eine Figur gesagt oder gefragt hat, führt die Schüler dazu, ihre Fertigkeit im Umgang mit der indirekten Rede zu üben. Die Aufforderung, sich in der eigenen Phantasie den Schauplatz der Handlung auszumalen und zu beschreiben, bringt Adjektive und Substantive aus dem Wortfeld «Haus», «Garten» oder vielleicht «Straße» auf die Zunge, die den Schülern schon im Text begegnet sind, die sie aber nun aktiv verwenden.

Da Vokabelgleichungen fehlen, werden sich die Schüler auf andere Wege der Sinnerschließung unbekannter Wörter machen müssen, die ihnen seit der ersten Lektüre immer wieder einmal nahe gelegt wurden: «Hör auf die Aussprache des Wortes – klingt nicht ein deutsches Wort ähnlich?»; «Sagt dir nicht schon der Klang, was das Wort bedeutet?»; «Schau auf den vorherigen und den nachfolgenden Satz – erklärt sich dir durch den Zusammenhang vielleicht das Wort?»; «Ist dir nicht schon ein Teil des Wortes bekannt?» (bei unbekannten Vor- oder Nachsilben, bei zusammengesetzten Substantiven); «Kennst du ein ähnlich geschriebenes Wort in der deutschen, englischen, französischen Sprache?» (im Englischen häufig der Fall, wo sich die sächsische und die normannische Sprachschicht übereinander geschoben haben). Hier verbergen sich Erschließungstechniken, die den Schülern bis in die Oberstufe dienlich sind und sie von dem frustrierenden Verlangen abhalten, jedes unbekannte Wort im Lexikon nachzuschlagen. Darüber hinaus wird ein solches selbständiges Herausfinden der Bedeutung wesentlich kräftigere Gedächtnisleistungen verursachen.

Erschließungstechniken für fremde Vokabeln

So wie das zu lange Innehalten beim Lesen, das Klebenbleiben an einzelnen Stellen, dem Wesen des Erzählens, das auf Fortgang aus ist, nicht gerecht wird, so wäre es auch falsch, den künstlerischen Text als Exerzierplatz für ausdrückliche grammatische Übungen zu verwenden. Der Lehrer kann im Gespräch durchaus hin und wieder so fragen, dass bestimmte Strukturen in einigen Minuten häufig angewendet werden, doch sollte sich dies ganz natürlich aus dem Dialog ergeben. In vielen Fällen wird es dann den Schülern gar nicht bewusst, dass sie gerade an der Festigung einer Anwendungsregel arbeiten (und es braucht ihnen auch gar nicht bewusst zu werden).

Neben den Bemühungen, bei den Mittelstufenschülern Freude im Umgang mit Geschichten zu wecken, so dass sie darüber auch leichter die fremde Sprache lernen, versucht man, ihnen verschiedene Hilfen zu geben, damit sie die von Jahr zu Jahr umfangreicher werdenden Lektüren bewältigen können. Das beginnt selbstverständlich bei der adäquaten Auswahl der Lektüre (zu den Auswahlkriterien s. oben, S. 71 ff.). Darüber hinaus bezwecken weitere Schritte die erfolgreiche Textbewältigung und das Zurechtfinden im Text: Da sind z.B. die vielen sprachlichen Hilfen in Form von Wörterverzeichnissen, welche der Lehrer selber erstellt, wenn er keine eigens für den Unterricht bearbeiteten Lektüren auswählt. Eine den aufeinander folgenden Seiten entsprechende Auflistung (was das schnelle Auffinden des gesuchten Wortes sichert) wird sinnvollerweise durch ein Verzeichnis ergänzt, das die nur zu verstehenden und die für den aktiven Gebrauch zu lernenden Vokabeln unterschiedlich markiert. Auch wird dieses zweite Verzeichnis nach Wortfeldern, Gegensatzpaaren, vielleicht auch nach Verben und Adjektiven aus lernpsychologischen Gründen differenziert. Verständnisfördernd sind neben dem Entwickeln eines Bildes, der Hinführung zum nächsten Handlungsabschnitt, der gefühlsmäßigen Einstimmung auf das Kommende *vor* dem Lesen jene Fragen des Lehrers, die guten wie schwachen Schülern helfen sollen, die grundlegenden Details zu verstehen, etwa: «Wer ist der Bruder, wer der Freund von X?»; «Wo ist X jetzt gerade?» etc. Weil diese Fragen während des Lesens und innerhalb eines Absatzes schnell und wie zufällig gestellt werden, wecken sie zudem die Aufmerksamkeit des Schülers und fordern ihn unaufdringlich auf, sich (wieder) auf das Gelesene zu konzentrieren. Orientierungshilfen für alle Schüler sind auch Leitfragen, die an der Tafel vor dem Lesen eines Abschnitts erscheinen und den Schülern helfen, wichtige Einzelheiten ausfindig zu machen und nicht über sie hinwegzulesen. Gelenkstellen in einem Text sichtbar und den Handlungsverlauf für alle durchschaubar machen können auch Aufforderungen an die Schüler, einem Mitschüler ganz bestimmte Fragen

Hilfen zur Bewältigung der Lektüre

zu stellen, deren Antworten eben für das Verstehen sehr wichtig sind. Dies hat wiederum auch eine sprachpraktische Seite, denn man festigt die überaus wichtige Fertigkeit, Fragen zu formulieren. So fordert der Lehrer z.B. auf: «Ask Peter where Laura's father was yesterday»; oder: «He wants to do something, but what? Ask Sabine, please.» Es ist schon darauf hingewiesen worden, dass sich die Fragen zur Lektüre nicht auf diese Art beschränken dürfen. Bevor es jedoch zum echten Gespräch zwischen dem Lehrer und den Schülern kommt, werden solche Fragen gestellt, die das Zurechtfinden im Text sichern.

Das Sicherheitsnetz wird selbstverständlich von Jahr zu Jahr grobmaschiger geknüpft. Das Gefühl jedoch, einer Handlung nicht mehr folgen zu können, ist eben sehr abträglich für das Freiwerden der Lernkräfte. Die Sorge, dass dem Schüler der Handlungsstrang verloren geht, ist wichtiger als die methodische Gefahr, unter Umständen zu viel sprachliche Hilfe zu geben. In jedem Fall ist es aber notwendig, dass zu Beginn der Oberstufe das Zutrauen des Schülers in seine Fähigkeit, umfangreiche Ganzschriften zu bewältigen, und sein passiver Wortschatz so groß sind, dass die Arbeit mit komplexeren, sprachlich anspruchsvolleren Texten möglich wird.

Lesestoffe für Mittel- und Oberstufe

Sind im Verlauf der Mittelstufe Legenden, Sagen, Kunstmärchen, Kinder- und Jugendbücher, Geschichten über Figuren, die im jeweiligen Volk zum Mythos erhoben worden sind (in England King Arthur, Robin Hood, Dick Whittingdon u.a.), gelesen worden, so warten in der Oberstufe Kunstwerke auf die Schüler, die einen Platz in der Geistesgeschichte des Abendlandes beanspruchen dürfen. Wie kann sich auch jetzt ein Schüler, der nur bedingt die fremde Sprache beherrscht, einerseits immer noch mit Freude der großen Anforderung widmen und andererseits weiterhin seine mündliche und schriftliche Ausdrucksfähigkeit erweitern? Müssen ihn nicht die großen Werke verstummen lassen, weil sie sprachlich und inhaltlich zu komplex sind und sich damit der Interpretation eines Heranwachsenden verschließen?

Trotz der nun erheblich ansteigenden Anforderungen bleibt der methodische Weg der Vermittlung prinzipiell unverändert gegenüber dem der Mittelstufe und bedarf lediglich einiger Modifikationen, die weniger vom literarischen Text als vom älter werdenden Schüler ausgelöst werden. Bevor auf diese Abwandlungen der methodischen Wege eingegangen wird, seien einige Stimmen angeführt, die das literarische Kunstwerk und seine Aufnahme durch einen Leser näher beschreiben.

Die Bedeutung des Lesers für das literarische Kunstwerk

So stellte Marcel Proust fest, dass wir während der Lektüre von Kunstwerken auf sonderbare Weise nicht in die Welt einer anderen Person eintreten, sondern in unsere eigene. T. S. Eliot erklärte, als man ihn nach der Berechtigung der vielfältigen Deutungen seiner Werke fragte, dass in einem Gedicht mehr enthalten sein mag, als es dem Dichter bewusst ist. Max Frisch fragt in seinem Tagebuch, ob es nicht vielleicht überhaupt zum Genuss des Lesens gehört, dass der Leser vor allem den Reichtum *seiner* Gedanken entdeckt. Zu den aufschlussreichsten Äußerungen zählt vermutlich Jean Paul Sartres Annäherung an den Leseprozess: «Mit einem Wort: Lesen ist gelenktes Schaffen. Einerseits hat das literarische Objekt tatsächlich keine andere Substanz als die Subjektivität des Lesers: die Erwartung Raskolnikoffs ist *meine* Erwartung, die ich ihm leihe; ohne diese Ungeduld des Lesers blieben nur nichtssagende Schriftzeichen übrig; sein Hass gegen den Untersuchungsrichter, der ihn vernimmt, ist mein Hass, den die Schriftzeichen in mir wecken und mir abschmeicheln, und der Untersuchungsrichter selbst würde ohne den Hass, den ich durch Raskolnikoff hindurch gegen ihn hege, gar nicht existieren, dieser Hass macht ihn lebendig, er ist sein Fleisch und Blut.»[23] Bevor diese Autoren sich äußerten, und zwar zu einer Zeit, als man in der Literaturwissenschaft nur die Autorität des Autors und seines Textes anerkannte, nicht aber die Autorität der Empfindungen und Vorstellungen des Lesers, schrieb Rudolf Steiner: «So wie jedes wahre Kunstwerk ein individueller, persönlicher Ausfluss eines einzelnen Menschen ist, so kann jede Kritik auch nur die ganz individuelle Wiedergabe der Empfindungen und Vorstellungen sein, die in der Seele der betrachtenden Einzelpersönlichkeit aufsteigen, während sie sich dem Genusse des Kunstwerks hingibt (...) Ich kann nur den persönlichen Eindruck schildern, den das Kunstwerk auf mich macht (...) Ich erzähle einfach, dies ist in mir vorgegangen, während ich das Werk betrachtet habe. Ich schildere einen Vorgang meines inneren Lebens.»[24]

Im Hinblick auf das Vorgehen im Literaturunterricht der Oberstufe ziehen wir die Schlussfolgerung aus den genannten Auffassungen: Alle Autoren betonen die subjektive Erfahrung von Kunst. In der Seele des Lesers entfaltet der Text seine ästhetische Wirkung, und zwar mit jedem neuen Leser immer wieder neu und anders. Somit gibt es nicht *die* Textbedeutung an sich. Es kann keine andere Kunstkritik als die eines individuellen Lesers geben. Ausschließlich durch solche individuelle Kritik erfahren Menschen überhaupt von Textbedeutungen. Deshalb sind alle Interpretationen vom jeweils gegebenen Vorverständnis, von den bisherigen Lebenserfahrungen, von der Lebenswelt, dem Lebensalter usw. des Lesers bedingt. Auch der Hinweis auf das gedruckte, vor einem liegende Buch, dessen Buchstaben sich doch nicht mit jedem neuen Leser verändern und deshalb doch vermeintlich *den* Textsinn vorgeben, erweist sich nicht als Gegenargument. Das gedruckte Buch ist noch nicht das Kunstwerk. Es entsteht – und kann nur entstehen – während des Lesevorgangs. Sein Leben gewinnt das literarische Kunstwerk erst bei einem Zusammentreffen mit einem bestimmten Menschen. Die somit stets subjektive Konkretisierung eines Werkes lässt logischerweise auch keine schlüssige, eindeutige Interpretation zu, die überzeitlich und allgemein gültig wäre.

Im Leser entfaltet der Text seine Wirkung

Wenn Lesen eben nicht ein Ablesen von Bedeutung, sondern ein Kommunizieren zwischen dem Werk und dem empfindenden, mitdenkenden Leser ist, wie wird dann im Literaturunterricht der Oberstufe mit den ausgewählten Texten umgegangen? In den Gesprächen mit den Schülern, die erneut, wie auf der Mittelstufe, nach der Sicherung eines elementaren Textverständnisses beginnen, wird die Aufmerksamkeit der Leser immer wieder auf das gelenkt, was der Text in ihnen an Reaktionen, Erlebnissen, Assoziationen und Gedanken ausgelöst hat. Im Unterrichtsgespräch entfalten, was während des nun vornehmlich häuslichen Lesens im Innern der Schüler geschieht, heißt den Verstehensprozess der Beteiligten sichtbar machen. Durch die Ermunterung des Lehrers zu beschreiben, wie eine bestimmte Textstelle verstanden und wodurch dieses individuelle Sinnbilden hervorgerufen wurde, wird den Schülern zum einen die Vielfalt der Verarbeitungen des Textes in der Gefühls- und Gedankenwelt der Mitschüler veranschaulicht. Zum anderen kann jeder Schüler seine eigenen Eindrücke einer Überprüfung durch andere Leser unterziehen. Abgesehen von jenen Fällen, wo offensichtlich Missverstehen vorliegt, wird der Lehrer die Berechtigung der jeweiligen Verarbeitungen betonen. Zudem scheint es sinnvoll, durch schriftliche Fixierung die Gesprächsergebnisse zu sichern. Das schafft nicht nur die Möglichkeit, zu einem späteren Zeitpunkt auf bestimmte Deutungen oder Erlebnisse zurückzugreifen, sondern kann visuell verständlich machen, dass künstlerische Texte etwas geben können, dass sie eine Vielzahl von Assoziationen, Erinnerungen und Erwartungen wachrufen. Die Schüler spüren, wie viel sie selber entstehen lassen können und dass es gerade das ist, wozu das Kunstwerk aufruft.

Wie sieht der Literaturunterricht der Oberstufe aus?

Die individuelle Verarbeitung

Fragen, mit denen auf die inneren Vorgänge beim Lesen eingegangen wird, könnten sein (selbstverständlich immer in der fremden Sprache): «Welches Detail / Wort / welchen Satz / Ausdruck empfanden Sie als wichtig / interessant / schwierig / auffällig / ungewöhnlich und warum?»; «Welche Erwartungen haben Sie hinsichtlich des nächsten Handlungsschrittes dieser Figur? Können Sie nachvollziehen, warum Sie so denken?»; «Was hat dieser Satz /

diese Reaktion der Figur X bei Ihnen bewirkt?»; «Wie würden Sie als Figur X unter den geschilderten Umständen jetzt handeln?»; «Was hat Ihnen inhaltlich / sprachlich missfallen und warum?»; «Empfinden Sie Zuneigung / Abneigung, wenn Sie an die Figur X denken, und woher rührt das nach Ihrer Meinung?»; «Hat Sie dieser Satz / Zwischenfall / diese Episode / Schilderung an etwas erinnert?»; «Wie empfinden Sie die Atmosphäre – düster, bedrückend, aufmunternd, und woran liegt das nach Ihrer Einschätzung?»; «Wie wird Ihrer Meinung nach die Geschichte enden?»; «Wie hätten Sie das Ende des Romans / der Kurzgeschichte gestaltet und warum auf diese Weise?»; «Wie hatten Sie sich das Ende vorgestellt? Wie kamen Sie zu dieser Annahme?»

Der Lehrer ist darauf bedacht, zunächst nicht inhaltlich fordernd, festlegend zu wirken. Nicht auf die Schüler hin, sondern von ihnen kommend vermittelt er zwischen dem Kunstwerk und dem Leser und ebenso zwischen den Lesern. Obwohl er ein erfahrener Leser ist, erscheint er im Zusammensein mit den Oberstufenschülern lediglich als ein Leser unter vielen anderen. Die freundschaftliche Führung, die Rudolf Steiner für das dritte Jahrsiebt vom Erzieher verlangt, korrespondiert sehr fein mit der Haltung des Lehrers, die sich aus den oben zitierten Auffassungen von Literatur und ihrer Aufnahme ergibt. Führung also nicht, um eigene Ansichten, eigene Methoden durchzusetzen. Führung kann hier nur bedeuten: zum verständlichen, präzisen Sprechen auffordern, für die Fortführung des Gesprächs hilfreiche Meinungen aufgreifen, ergiebige Fragen weiterleiten, Zusammengehöriges bündeln, Nachweise des Gesagten anhand des Textes erbitten, auf weitere mögliche Sichtweisen aufmerksam machen, erwünschte oder notwendige Hintergrundinformationen bereitstellen und, neben vielen anderen Aufgaben, der Möglichkeit Geltung verschaffen, dass möglichst jeder Leser seine Seeleneigenschaften, seine ästhetische Wahrnehmungsfähigkeit kultivieren und sein Bewusstsein erweitern kann. Damit sei nicht gesagt, dass der Lehrer nach den Gesprä-

Die «freundschaftliche Führung» des Lehrers

chen mit den Schülern nun nicht auch seine Sichtweise darstellen und begründen darf. Viele Schüler werden vermutlich sogar auf das Urteil des Lehrers warten und seine Leseerfahrung zu ihren Empfindungen und Deutungen stellen wollen. Dass der Lehrer, zu dessen freundschaftlicher Führung die Schüler Vertrauen entwickelt haben, Stellung bezieht, erscheint als sachlich und pädagogisch wichtig. Entscheidend ist jedoch, wann er dies tut.

Zwei wesentliche Sprachbereiche werden gefördert

Wie bei den Gesprächen über die Lektüren auf der Mittelstufe bietet natürlich auch die Arbeit am literarischen Text zahlreiche Möglichkeiten, die Sprachbeherrschung zu verbessern. Schaut man genau hin, so eröffnet sich die Chance, gleich zwei wichtige Sprachbereiche zu fördern. Im Gespräch über den Text ergibt sich einerseits fortlaufend die Notwendigkeit, ein auf den Mitschüler bezogenes Sprechen zu praktizieren, also sprachliche Mittel des Vergleichens, Belegens, Einräumens, Sich-Einschaltens, Widersprechens etc. auszuprobieren. Andererseits wird der Schüler sprachliche Ausdrücke verwenden müssen, die es ihm ermöglichen, über seinen Verstehensprozess, sein Kommunizieren mit dem Text zu sprechen. Dazu bedarf es einiger Redemittel, mit denen Assoziationen, Vermutungen, Ungewissheiten, Einstellungen, Empfindungen etc. zum Ausdruck gebracht werden können. Zum Erwerb beider Sprachbereiche ist es dem Schüler eine Hilfe, wenn er zum einen entsprechende Ausdrücke per Tafelanschrieb oder Liste wortwörtlich vor Augen geführt bekommt und zum anderen kontinuierlich, vom Lehrer angeregt, die Funktion dieser Ausdrucksmittel am eigenen Sprechen erfährt. Zu Anfang verweist der Lehrer schnell auf eine passende Satzeröffnung, fordert zum Gebrauch einiger der an der Tafel stehenden Ausdrücke auf, spielt schnell die Möglichkeiten der Reaktion auf eine Aussage eines Mitschülers durch usw. Dieses kontinuierliche Umwälzen der Redemittel ist ein Weg, sie zum Besitz der Schüler zu machen. Neben der ständigen Wiederholung ist es für den Jugendlichen aber auch lernerleichternd, einsichtig gemacht zu bekommen, dass es sich nicht lediglich um Memorierstoff handelt, sondern um sprachliche Mittel, mit denen man individuelle Ausdruckswünsche ausprobieren und sich sinnvoll beschäftigen kann.

Schon auf der Mittelstufe sind dem Schüler erste produktive Reaktionen auf das Gelesene ermöglicht worden. Auf der Oberstufe wird diese Art des Umgangs mit Texten fortgeführt: Zum Beispiel wird darum gebeten, den Anfang einer Geschichte zu schreiben, deren Mittelteil und Ende gegeben waren und erarbeitet wurden; oder man bittet – etwa bei der Lektüre eines Romans – um Kapitel 0 (was war geschehen vor dem Beginn des Romans?); eine erörterte Kurzgeschichte soll aus der Perspektive einer anderen Handlungsfigur verfasst werden (hier erfahren die Schüler praktisch, welch gewichtige Funktion das Gestaltungsmittel «Erzählperspektive» besitzt); aus einem Gedicht soll ein Prosatext entstehen (ideal, um ihnen ebenfalls praktisch den Zusammenhang zwischen Form und Inhalt zu veranschaulichen); die Schüler nehmen die Rollen der Charaktere an und müssen sich einer Pressekonferenz (vertreten durch die übrigen Mitschüler) stellen; bildnerische Arbeiten (Collagen, Illustrationen, Umschlagentwürfe etc.) werden erbeten (weil ihre Herstellung und Erläuterung vor der Klasse ein Überdenken der eigenen Empfindungen und ein Bedenken der dafür verantwortlichen Wirkungselemente im Text verlangen).

Produktive Reaktionen auf die Lektüre

Die Literatur ist eine der eindrucksvollsten Ausdrucksformen der menschlichen Phantasie, die zusammen mit anderen Kunstgattungen dazu beiträgt, dass in einer auf Funktionalität und Zweckrationalität ausgerichteten Alltagswirklichkeit das Bild des Menschen als eines freien Subjekts bewahrt wird. Eine «Erziehung zur Freiheit» wird schon deshalb keinen Versuch unterlassen, das Interesse und die Freude der Heranwachsenden am Kommunizieren mit literarischen Texten zu wecken. Dass solches Interesse und solche Freude am Umgang mit Literatur dazu auch noch das Gespräch im Fremdsprachenunterricht und damit den Spracherwerb fördern, ist ein glückliches Zusammentreffen im Hinblick auf die Zielsetzungen der Waldorfpädagogik.

Anmerkungen

1 Rudolf Steiner, *Erziehungskunst. Methodisch-Didaktisches,* GA 294, Dornach 1981, S. 24.

2 Ebd.

3 Julian Green, *Le Langage et son double,* Paris 1987, S. 208. Übersetzung vom Verf.

4 Zitiert aus einem Vortrag Gadamers am 22.7.1997 in Stuttgart.

5 Vgl. Steven Pinker, *The Language Instinct,* London 1994, 2. Kapitel, passim.

6 An einigen Waldorfschulen werden drei Fremdsprachen unterrichtet, in den 50er und 60er Jahren war das an vielen Waldorfschulen der Fall.

7 Peter Sloterdijk, *Zur Welt kommen – zur Sprache kommen,* Frankfurt 1988, S. 50.

8 Ebd., S. 112.

9 Ebd., passim.

10 Ebd., S. 160.

11 M. Kaukler wählte diese treffende Formulierung während seines Vortrags bei der Fremdsprachenlehrer-Fachtagung im Herbst 1991 in Esslingen.

12 Rudolf Steiner, *Allgemeine Menschenkunde als Grundlage der Pädagogik,* GA 293, Dornach 1986; ders., *Menschenerkenntnis und Unterrichtsgestaltung,* GA 302, Dornach 1988.

13 In der Regel drei Unterrichtsstunden pro Woche; an vielen Schulen werden dann in Klasse 12 vier Stunden erteilt.

14 Rudolf Steiner, *Menschenerkenntnis und Unterrichtsgestaltung,* GA 302, Dornach 1988, S. 12.

15 Ders., *Die gesunde Entwickelung des Menschenwesens,* GA 303, Dornach 1987, Vortrag vom 3.1.1922.

16 Ders., *Die Erneuerung der pädagogisch-didaktischen Kunst durch Geisteswissenschaft,* GA 301, Dornach 1988, S. 139.

17 Ders., *Konferenzen Rudolf Steiners mit den Lehrern der Freien Waldorfschule in Stuttgart,* GA 300b, 22.6.1922, S. 114.

18 Ders., *Erziehungskunst. Methodisch-Didaktisches,* GA 294, Dornach 1981, S. 130 f.

19 Ebd., S. 90.

20 Über die Einführung und das Üben der unregelmäßigen Verben im Englischen liegt ein glänzender Artikel von Erika Mitzenheim vor; siehe Verzeichnis weiterführender Literatur.

21 Eine wesentlich differenziertere Darstellung findet sich in Alain Denjeans Buch *Zum fremdsprachlichen Grammatikunterricht der Waldorfschule,* Stuttgart 1995.

22 Rudolf Steiner, *Nervosität und Ichheit,* GA 143, Dornach 1979, S. 10.

23 Jean Paul Sartre, *Was ist Literatur?,* München 1958, S. 29.

24 Rudolf Steiner, Moderne Kritik, in: *Magazin für Literatur,* 1897, Nr. 27.

Verzeichnis weiterführender Literatur

Dahl, Erhard, Vom Umgang mit Literatur in der Oberstufe, in: *Erziehungskunst,* 4/1994, S. 289-297.

–, Dramaturgie im Klassenzimmer. Zum fremdsprachigen Dialog im 11. Schuljahr, in: *Erziehungskunst,* 1/1995, S. 29-36.

–, Ziele und Wege des Fremdsprachenunterrichts, in: *Erziehungskunst,* 5/1997, S. 473-482, 6/1997, S. 609-616.

Denjean, Alain, *Zum fremdsprachlichen Grammatikunterricht der Waldorfschule,* Stuttgart 1995.

Dühnfort, Erika, *Der Sprachbau als Kunstwerk. Grammatik im Rahmen der Waldorfpädagogik,* Stuttgart 1980.

Hahn, Herbert, Zur sozialen Bedeutung des neusprachlichen Unterrichts, in: *Waldorf-Nachrichten,* April 1921, S. 200-208.

Jaffke, Christoph, *Fremdsprachenunterricht auf der Primarstufe. Seine Begründung und Praxis in der Waldorfpädagogik,* Weinheim 1996.

Jaffke, Christoph / Maier, Magda, *Fremdsprachen für alle Kinder. Erfahrungen der Waldorfschule mit dem Frühbeginn,* Leipzig 1997.

Kiersch, Johannes, *Fremdsprachen in der Waldorfschule. Rudolf Steiners Konzept eines ganzheitlichen Fremdsprachenunterrichts,* Stuttgart 1992.

–, (Hg.), *Zum Fremdsprachenunterricht,* Stuttgart 1984.

Lissau, Rudi, *Sprache, Spracherwerb, Sprachunterricht,* Dornach 1993.

Lutzker, Peter, Fremdsprachenunterricht und ästhetische Erziehung in der 12. Klasse, in: *Erziehungskunst,* 6/1991, S. 572-581.

–, *Der Sprachsinn. Sprachwahrnehmung als Sinnesvorgang,* Stuttgart 1996.

Mitzenheim, Erika, Notwendiges Übel oder Dauer-Quiz? Die unregelmäßigen Verben im Englisch-Unterricht der vierten bis achten Klasse, in: *Erziehungskunst,* 6/1990, S. 466-476.

–, Vom Schreibenlernen im Englischunterricht, in: *Erziehungskunst,* 4/1990, S. 293-298.

–, Was will der Fremdsprachenunterricht? Und was können Eltern dafür tun?, in: *Erziehungskunst,* 1/1990, S. 22-31.

Morgenstern, Brigitte, Fremdsprachenunterricht, in: Stefan Leber (Hg.), *Die Pädagogik der Waldorfschulen und ihre Grundlagen,* Darmstadt 1985, S. 223-231.

Rudolf Steiner, *Allgemeine Menschenkunde,* GA 293, Dornach 1986.

–, *Erziehungskunst. Methodisch-Didaktisches,* GA 294, Dornach 1981.

–, *Erziehungskunst. Seminarbesprechungen und Lehrplanvorträge,* GA 295, Dornach 1985.

–, *Geisteswissenschaftliche Sprachbetrachtungen,* GA 299, Dornach 1970.

–, *Sprechen und Sprache. Sieben Vorträge,* ausgewählt und herausgegeben von Christoph Lindenberg, Stuttgart [3]1989.

Stockmeyer, E. A. Karl, Ziele und Sorgen, Sprachunterricht, in: ders., *Angaben Rudolf Steiners für den Waldorfschulunterricht,* Stuttgart 1988, S. 20-38, 93-122.

Templeton, Alec, *Aus dem Englischunterricht der Mittelstufe,* Stuttgart 1997.

von Winterfeldt, Dorothee, Fremdsprachen lernen - Grenzen überwinden, in: *Erziehungskunst,* 12/1992, S. 1228-1240.

Michael Harslem

Wie arbeiten Eltern und Lehrer zusammen?

Elternfragen an die Schule
124 Seiten, kartoniert.

Kooperationsformen an der Waldorfschule

Michael Harslem zeichnet ein lebensnahes Bild – mit zahlreichen Beispielen und einer Fülle von Informationen – über das Verhältnis von Eltern und Lehrern an Waldorfschulen und die verschiedenen Formen der Zusammenarbeit.

Für Eltern von Waldorfschülern ergeben sich viele Chancen und Möglichkeiten eigenen Engagements im Schulzusammenhang. Die Erwartungen an eine Zusammenarbeit sind aber auch oft so hoch, dass daraus Probleme und Spannungen entstehen können. Es werden daher u.a. auch typische Konfliktsituationen und Kommunikationsprobleme dargestellt und Lösungsansätze aufgezeigt. So ergeben sich für Eltern wie Lehrer neue Perspektiven einer fruchtbaren Zusammenarbeit an ihrer eigenen Waldorfschule und eventuell auch Anregungen für andere Schulen.

Dietrich Esterl

Welche Abschlüsse gibt es an Waldorfschulen?

Elternfragen an die Schule
90 Seiten, kartoniert.

Abschlussprüfungen – Informationen und Hintergründe

Dietrich Esterl greift die zentralen Fragen auf, die sich im Zusammenhang mit den Abschlüssen an Waldorfschulen stellen: Welche Bedeutung haben die Schulabschlüsse? Wie entscheidet sich, welche Prüfung ein Waldorfschüler ablegt? Wie gestaltet sich der Übergang zwischen der Waldorfschulzeit und dem späteren Leben in der Praxis?

Der Leser findet hier die wesentlichen Informationen über die verschiedenen Prüfungsmodalitäten, über pädagogische, gesellschaftspolitische und rechtliche Aspekte der Abschlüsse und über alternative Prüfungsformen, die dem Konzept der Waldorfpädagogik eher entsprechen.

Verlag Freies Geistesleben

Wolfgang Schad

Erziehung ist Kunst

Pädagogik aus Anthroposophie.
Praxis Anthroposophie 4
174 Seiten, kartoniert

Ein Buch für Lehrer, Erzieher und Eltern. Es zeigt die Besonderheiten der Waldorfpädagogik und tritt ein für ihr besseres Verständnis.

Aus dem Inhalt:
Erziehung ist Kunst / Das Kind im Sog der Zivilisation / Kinderzeichnung und Organwachstum / Zahnwechsel und Schulreife / Zum anthroposophischen Verständnis der kindlichen Temperamente / Zu den Begriffen von Gesundheit und Krankheit und ihrem Wert für die Pädagogik / Zur Hygiene des Unterrichts / Die Selbsterfahrung des Jugendalters in der Weltbegegnung / Die Scham als Entwicklungsraum des Menschen / Menschenkundliches zur Geschlechterproblematik / Vom Rätsel des Ich.

Verlag Freies Geistesleben